AQUARIUS

AQUARIUS

AQUARIUS

AQUARIUS

Vision

一些人物，
一些視野，
一些觀點，
與一個全新的遠景！

馮以量

允許自己選擇愛

把此書獻給我的外婆，陳麗桃女士。
是她用身教把愛傳給了我。

【推薦序】

愛自己，為何要允許？

文◎李崇建（心理導師）

我沒見過馮以量，知道他是創作者、助人工作者，亦是薩提爾模式推手，我對他非常欣賞，內心存在非常多敬意。

聽說他要出書了，疫情期間不便來臺，我向寶瓶毛遂自薦，願為他的新書宣傳。

我漸漸認識馮以量，不是透過直接往來，而是從他人口中……

自二〇一四年伊始，我斷續赴馬來西亞，在講座中談教育，分享薩提爾模式。常聽見人們問我：「你認識馮以量老師嗎？他也教薩提爾模式。」

當時我才知道，以量曾來臺灣實習，參與多個心理諮詢中心，曾師從吳就君老師，深入薩提爾模式，一心回馬來西亞奉獻。

我陸續聽見夥伴讚譽他，稱讚他演講之精采，雕塑運用的靈活，工作坊帶領之深入，現場掌握的流暢……我亦是個演講者，也講薩提爾模式，因此對以量的工作，我有大量的興趣。

將雕塑靈活呈現，運用在演講現場，不是一件簡單之事。身為薩提爾工作者，深知大型演講侷限，雕塑帶上講臺不易，觀眾可能走神、不感興趣，但是以量卻無此困難，他一定帶著巨大的愛，展示著無邊的能量。

據我多方聽聞，以量做得非常好。他的呈現方式，讓人清晰理解：家庭動力卡在哪兒？為什麼孩子會這樣？為什麼我會這樣？不要執著於哪裡？讓參與者立即覺察，瞭解家庭動力由來。他帶著溫暖與愛，傳播愛與善的信息。

常有當地爸媽告訴我，對以量無比感激，甚至流淚對我說，家庭因為以量而改變。

不只如此而已，以量不僅引導善生，更推動臨終關懷，關注少人所關注，關於養生送死議題。華人講究「善終」，但避談如何「善終」，唯有以量擁大願力者，願意推動此等難題。

綜上我對以量的認識，我想為他的書宣傳。這樣美善的工作者，應該擴大他的影響力，寶瓶因此邀我寫序。

翻開《允許自己選擇愛》，閱讀就停不下來。

也許有人會好奇標題：「愛自己，為何要允許？」

非從事助人工作者，不一定能明白，很多人不允許自己愛，更多人不知可以選擇愛。

我遇過很多受苦之人，無意識選擇「恨」，成了生命的主旋律；在日常的生活中，無意識選擇「憤怒」，兜著圈子，轉不出來。

以量在書中說得好：恨的背後，是為了愛；生氣背後，是因為在乎。

書中面臨抉擇的爸爸：「小時候，我跪在爸爸面前，求他不要走；沒想到，如今卻是我兒子，跪在我面前，求我不要走……」

原生家庭得不到愛，尋求愛的方式，被自己的生氣取代，尤其是對自己的生氣，生氣自己不值得，悲劇就重現於生命。

這位爸爸身為輔導志工，給了很多人關愛，卻不知如何給家人、給自己關愛，這是人世間最大的悲哀。

書中這樣的例子，幾乎埋藏於日常：四十多歲的媽媽，兒子不跟媽媽說話，源自媽媽對丈夫的生氣，媽媽將憤怒發在兒子身上。這位媽媽既愛孩子，又存有潛在的生氣。

從兒子的視角來看，哪一個才是媽媽？原來愛與恨這麼靠近，難讓人辨識其中緣由。媽媽無意識選擇恨，選擇生氣面對所愛的人。

帶著這樣的恨與憤怒，祈求組織愛的家庭，怎麼不會滿身傷痕？豈能不滿滿無奈？

書中最經典的個案，是想要一跳了之，那個化名小燕的媽媽。

小燕從原生家庭那兒，帶著渴求父愛不可得的恨，將原生家庭的應對模式，帶至對先生的恨意，更帶到對兒子的恨意。

但是小燕渴求的是愛。這是人世間的難題。

我的薩提爾導師貝曼，經常解說薩提爾模式：薩提爾模式工作者，是在系統中工作，家庭就是一個系統，養成系統中的慣性應對。

冰山也是一個系統，一個人的內在系統，從童年開始養成，成為慣性的感受、觀點、期待，渴望因此匱乏，漸漸沒有了自我，形成慣性的應對。

現代腦神經科學發達，我們已知腦神經反射，從孩提時期養成。要解開這樣的糾結，來自重現童年的體驗，讓腦神經重新運轉，更動冰山的慣性，學習新的應對模式。

以量在這本書中，透過雕塑現場重現，即能讓讀者身心有感，相信普通讀者定有大收穫；對於從事心理工作者，亦能從以量無私的分享，一窺薩提爾模式堂奧，尤其薩提爾模式工作者，能見識以量靈活的雕塑藝術，我即從本書獲益良多。

以量在書的〈後記〉寫下：「以前我多麼想要快點離開這裡，現在它竟然屹立在這兒，等我回來療傷。原來我的家，也有充滿溫情的一面。為何當初我只看到恨與傷害？」

以量的坦誠與開放，讓我揭開書頁即震撼。

允許自己
選擇愛

從翻開書頁至讀閉掩卷，心靈始終鼓盪著愛的能量，不禁要謝謝以量，也謝謝書中的主角，讓我懂得愛的脈絡，學會更寬容看待生命。

【推薦序】愛不需要理由

文◎趙文滔
（香港大學婚姻暨家庭治療博士、國立臺北教育大學心理與諮商學系教授、諮商心理師、伴侶與家庭治療師）

做為一個家庭治療師，我常有機會目睹家庭裡的各種愛恨情仇。為了一句話、一件事折磨多年，翻山越嶺、走遍天涯也找不到解脫，彷彿獨自一人活在人間煉獄，陽光永遠照不到他，陰雨總是衝著他來。

可恨，總是找得到充分的理由。

我們大部分人都容易陷入恨，卡在恨的深淵裡很多年出不來，理直氣壯地認定自己有充分理由氣憤、委屈、悲痛、哀傷，任憑我們被這些負面情緒蒙蔽，看不見陽光，看不見身邊關心我們的人，也看不見值得我們關心的人。

恨的力量很大，可以把一個家拆散得四分五裂，彼此老死不相往來。但愛的力量更大，可以跨越恨造成的鴻溝，讓原本老死不往來的冤家破鏡重圓。

恨有千百個理由，但愛不需要理由。化解心結，有時也不過就一場深談，一杯茶的時間。喝完茶，想不起來當初為何恨這麼深，氣這麼久。我是家庭治療師，我看過，我知道。

這世上的不公不義、冤枉委屈數算不完，找到回家的路、找回愛卻很簡單。只是我們往往當局者迷，硬是看不見救贖就在自己面前，伸手可得。

還好旁觀者清。透過本書裡的故事，看著別人痴痴陷入自憐自艾，苦苦找不到出路，我們比較容易領悟：一點都不值得繼續留在陰暗處，陽光一直就在一步之遙，只等我們跨出第一步。

本書作者以深入淺出的文字，輕巧地呈現人們在家庭中受到的傷害，以及心中對愛的渴望，其中蘊含豐富、動人的情感，讓人自然想讀下去。

文字間，作者並不以專家自居，小心翼翼接住一顆顆受傷的心靈，溫柔引導他們找回陽光。我看到一顆溫柔的心。

面對這時晴時雨、難以盡如人意的世界，如果我們還有力氣，與其拿來恨別人，不如拿來愛。愛需要勇氣，無比的勇氣，放下自己的傷痛，擺脫面子的束縛，冒著被拒絕的風險，跨出和解的一步。最壞的情況是，對方可能措手不及，無法立刻笑臉迎人，讓我們的玻璃心碎一地；最好的情況，是雙方都得以走出陰霾，重新找回笑容。

當我們身陷其中，需要一點推力，讓我們能走出流沙。可能是心靈雞湯般的一段話，可能是別人的一句問候，或只是一個關愛眼神，來自我們在乎的人。於是多年的冰雪突然融化，誤會悄然冰釋，陽光再度撒入心窗，世界重新充滿溫暖。

如果我們受傷太深，缺乏足夠勇氣跨出第一步，我們可以尋求幫忙。如果有一位帶著溫柔心的助人者拉我們一把，我們也許就有機會去到彩虹的另一邊。

家庭治療師心裡知道，家人之間有機會修復關係，最重要的不是因為神奇的治療技術，而是家人要重修舊好的決心與勇氣。他們原本就彼此相愛，恨只是相愛太深的糾結產物，如果撥開表層冰霜，就會發現愛一直都在。

家庭治療師只是幫家人把愛找回來。

【自序】

允許自己選擇愛

我內心有一個無底的黑洞。

即便是滿滿的關愛湧進來，也會一下子就被吃光。在這黑洞裡，彷彿有很多過去受傷的我，不斷在搶著「吃」別人給出的愛，卻總覺得別人給的愛不足夠。對於愛，過去的我常處於極度飢餓而且營養不良的狀態。

我十歲那年，嗜賭如命的爸爸欠了巨債，一聲不響，離家出走。十三歲時，他患上癌症，回家不到三個月就去世。十八歲時，工作過度疲勞的媽媽也因患上晚期癌症而去世。二十四歲的我常陷入強度的自殺意念，而試圖自殺。

這些經歷，讓我痛苦無比。

內心的坑坑洞洞促使我不斷尋覓別人的愛來填滿那黑洞。在這過程裡，無非就是要證明這世上還有人來愛我。

為了愛，我曾經做出攻擊，也曾經乞討愛。為了逃避現實的空虛，我常酗酒。幾度獨自在車內嚎啕大哭，想要把自己給撞死。我不明白人為何要活在世上而繼續受苦，我甚至在別人還未遺棄我之前，我主動遺棄別人，來避免經歷那些預知的傷害。結果，生命階段裡所有受傷的自己，不約而同躲回那無底的黑洞裡，等著下一次愛的到來，然後重複著「我被遺棄」或者「我遺棄你」的戲碼。

試問一個內心充滿著黑暗的生命，如何讓別人來愛？而又如何去愛別人？

因為生命很痛苦，我接觸了輔導與諮商。從起初是一名尋求解答的個案，到最後我成為了一名助人者。這二十多年來，我在輔導室裡看見很多和自己相似的生命，聽見他們對痛苦的吶喊、看見他們對愛的渴望。

漸漸地，我逐漸明白我們無法驅趕黑暗，但可以把光亮引進來。我們無法乞求別人給愛，但可以把愛帶給自己。

這也是為何我寫了這本書《允許自己選擇愛》。

書中主角們的基本資料已稍作更改，我只保留與他們真實的互動及對談。這些互動的故事感動了我、滋養了我。因此，我想透過文筆來感動你、滋養你。

這本書不僅僅要你去閱讀書裡的故事，允許我誠懇邀請你透過這本書，去閱讀你自己的生命。

你需要愛。你的家同時也需要你的愛。不是明天，是現在。你清楚知道這點。其實你比誰都清楚知道，你的內心以及你的家，到底有多渴望愛。

因此，這本書才能出現在你眼前。

這是一本簡單的書——講的是一個簡單的概念：見樹要見林。大部分人只看見眼前的痛苦，卻看不見痛苦背後的整體原貌。要是你想要探索自己，允許我邀請你再一次去探索你的原生家庭；進而創新你的衍生家庭。

探索並非等同於發現；發現其實只是種藉口，讓自己有更多的下臺階，以舊有的模式繼續生存。於我，探索其實是一趟再創造的旅途，讓你再次轉化當初你在原生家庭裡頭還未曾學會的功課。

我和書中的主角一樣，花了好多時間及心力去探索過去的生命經驗如何影響長大後的自己。要是想在生命裡創造新的可能性，我希望你能做的就是先拒絕自己成為一名受害者。太多人一面埋怨別人如何傷害他，而一面自憐、自艾、自怨。受害者被過去的生命故事緊緊捆綁著，而動彈不得。

然而這受害狀態倒是有不少好處：別人會投以憐憫的眼光、良善的協助、伸出溫暖的援手，導致受害的你繼續「享受」此援助。你要是如此做，你和當初的我並沒有什麼分別，就是靠他人的憐憫及良善，躲在無底的黑洞裡，吸取大家給予的關愛。到最後，關係依然破裂，內心依然破碎。

你或許會好奇：「請問你內心的黑洞，還在嗎？」

是的，我的內心依然有一個無底的黑洞。它一直都存在，就如生命的苦難一直存在著。然而，如今最大的差別就是我不再受這黑洞影響。

我花了二十多年的時間聽那些從黑洞裡傳出來的受傷聲音，我決定用我一生的力量，去陪伴過去那一個又一個受傷的「以量」，我願意慢慢陪著「他們」長大。

我告訴自己：「即便沒有人來愛，我也值得被自己去愛。以量，請放心，我會愛著你。」

我也告訴自己：「我願意承接自己的喜怒哀樂。雖然這些可能會與他人（尤其是我的爸媽）有關，可是我的喜怒哀樂，我負責。我不要做一個受害者，他人不需要

允許自己選擇愛

為我的生命負責。我的生命，我負責。」

我也常告訴自己：「我值得擁有更美好的生命，因為我相信我值得，而且我也相信大家都值得擁有美好的生命。」

我就是這樣一步一腳印地走到今天。允許自己選擇愛，不容易。然而，要認認真真做起來，也不見得太難。

你看見了嗎？那些悲慘的過去無法定義你生命的全部，也不能阻止你可以好好地活著。要是你願意，請你和我一樣：相信自己值得擁有美好的生命。當你感受到那美好，你也會同樣地去祝福別人值得擁有同等美好的生命。

但願你處於黑暗的時候，深觀愛的光亮。
正當憤怒的時候，傾聽愛的呼喚。
渴望關懷的時候，感受愛的滲透。
內心溫暖的時候，洋溢愛的能量。

請翻閱此書，用心去閱讀。我會在這本書裡繼續叮嚀你：「允許自己選擇愛。」
希望你能收到我衷心獻上給你的祝福。祝福你，也祝福我自己。

目錄

《允許自己選擇愛》

目錄

【楔子】回到大海的懷抱

有個老人在沙灘散步，看見前面有個年輕人，拾起一些小魚拋回海裡去。

老人問年輕人為什麼要這樣做。

年輕人說：「擱淺的小魚如果留在岸上，太陽一出來就會死了。」

老人聽了，不以為然地反駁道：

「可是海灘一望無際，這種小魚也有好幾百萬，你的努力能有什麼影響呢？」

年輕人瞧了瞧手裡的小魚，然後把牠拋回海裡，快樂地說：

「也許對大海沒有影響，可是對這一條小魚卻有深大的影響。」

***

我但願自己就像故事中的那個年輕人，不斷地拾起形形色色的小魚，拋回海裡去，讓一條又一條的小魚游回到大海的懷抱裡。

故事開始了……

01

還父母一個愛的位置

「你恨你媽媽。那麼，誰來恨你……？」

還父母一個愛的位置

兩年前，我曾觀賞一名心理治療老師與一名女士的輔導對話——

女士對老師說：「我恨我媽媽。」

老師很慎重地望著她，然後問她：「你恨你媽媽。那麼，誰來恨你？」

她忍不住哭著說：「我的兒子。」

老師說：「那當然嘍，你恨你媽媽，所以你的兒子也恨媽媽。」

場面突然顯得凝重，老師的一針見血讓雙方沉默了幾秒鐘。

老師隨後則說：「我現在要告訴你一些很恐怖的話，你願意聽嗎？」

女士點點頭，表示認同。

老師說：「我愛你媽媽。」

她連忙搖頭以示抗議。

老師說：「我看到你健康地坐在這裡，我覺得你媽媽一定也有貢獻。所以，我有足夠的理由覺得，你的媽媽是值得被愛、被尊重的。」

女士安靜地聽著。

老師再問：「如果我見到你的兒子，你知道我會對他說什麼嗎？」

女士點點頭，微笑說：「我知道。你會對他說你愛我。」

老師點點頭說：「是的。不只是你媽媽，每一個媽媽，我都愛。」

老師很慈祥地對著女士微笑，主動用雙手握著她的手。

不到兩分鐘，這段輔導對話就結束了。

女士帶著滿意的表情離開座位。

這是我有生以來看到最漂亮的輔導過程。
簡單、清楚；最重要的是：深入淺出。
老師似乎也不斷叮嚀我們：**愛，才是唯一出路。**

憤怒，是因為渴望被愛

老師的這番對話，不禁讓我想到我的女個案……
她恨她媽媽。

她活在一個重男輕女的家庭裡，上有五個姊姊，下有一個弟弟。
家裡上上下下都把聚光燈照在最小的弟弟身上。
弟弟出生以來，就是家裡最閃耀的星星。
媽媽把最好的、最完美的都留給弟弟。
而她的衣服卻是姊姊穿過的、玩具是姊姊玩過的，甚至連書包都是姊姊背過的。
小小的她，一直懷疑自己到底是不是媽媽親生的。
為什麼弟弟與她的遭遇竟然有天淵之別？

她中學畢業後，媽媽很坦白地對她說：
「弟弟想要出國深造，所以，我們要留點錢給他。何況你爸爸也退休了。你畢業後，應該開始出去工作，像姊姊們一樣，給我一些家用。」

這樣的坦白一點也沒有照顧她的感受、她的未來。
這樣的坦白，讓她更加相信媽媽不但不愛她，還利用她來成就弟弟的未來。
而她，還是一貫地壓抑自己對媽媽的憤怒，還有對弟弟的鄙視。

長大後，她結婚了，育有一男一女。
她無意識地，繼續與弟弟爭寵。
她希望媽媽喜歡她的孩子，多過喜歡弟弟的孩子。
她希望媽媽多來探望她，多過探望弟弟。

她希望媽媽問候她，多過問候弟弟。

一次的農曆新年聚餐，她與弟弟醞釀多年的不定時炸彈終於爆發了！
而且一發不可收拾。
全因一支雞腿而引爆。
外婆夾了一支雞腿給外孫（她的兒子）。
可是，內孫（弟弟的兒子）吵嚷著也要吃雞腿。
偏偏，飯桌上的雞腿都被吃完了。
結果，外婆把原來夾給外孫的那一支雞腿，從外孫的飯碗中夾到內孫碗中！

她忍無可忍，怒火沖天。
放下筷子，拍桌子說：「為什麼連一支雞腿都要讓給弟弟?!」
她衝口而出，「媽，你太過分了！」
飯還未吃完，她就收拾行李，帶著兩個孩子離開家鄉。
開車回城市的時候，她告訴自己：
以後再也不回這個家！

叛逆，是記憶在呼喚

後來，無論姊姊們如何想要說服她，已死的心決意要徹底地恨媽媽！

五年後，住在老家隔壁的四叔去世，她回家鄉奔喪。

雖然看到媽媽偷偷地站在家門後望著她，她卻不回以任何表情；腳，一步也不踏進家裡。

她不知道她的媽媽有多想念她。

她更不知道，她也漸漸地變成了媽媽的複製品。

她從媽媽身上學到重男輕女，也從媽媽身上學到不重視孩子的感受及期待。

當初不喜歡、厭惡的，她竟然也傳給了下一代。

結果，她的女兒逃學、抽菸、頂撞她；甚至偷她的錢去買昂貴的手機。

正因為這樣，她帶著女兒來到輔導中心，希望我能夠「修理」她的女兒。

我很清楚，我無法「修理」她的女兒。因為她是人，不是機器。

幾次對談之後，我更清楚，最主要的根源是：**她恨她媽媽。所以，她的女兒也恨她。**

起初，她一點也不相信那是她一手造成的。

我當然也不敢學老師那麼直接地告訴她；況且，我也沒有如此深厚功力，只需花兩分鐘就可以點醒她。

可是，一步一步沉住氣與她一同抽絲剝繭後，**她終於接受女兒的叛逆行為只是一種呼喚記憶的提醒——提醒她要回家去，與媽媽完成一些遺憾之事。**

女兒的內心經歷，還有媽媽的內心經驗；做為媽媽，做為女兒，她都經歷了，也終於明白了……

各位讀者，別一廂情願以為你與父母的關係不會影響現在你和孩子的關係。

你曾指責的，將會吸引別人指責你。

你曾恨過的，也將會吸引別人來恨你。

當你經歷了這兩極狀態，你才會有能力看到完整的生命。

而我深信，**過去的生命不但可以繼續發現，還可以重新創造。**

如果我們要恨我們的父母，我們可以有千百種理由不斷地重複加強我們對父母的恨意。

可是，**一旦我們願意給父母一個愛的位置，我們便會因此找到解決親子關係的出路。**

那麼，你就可以放下心中的包袱，繼續上路，活在一個更寬廣的視野裡——不只你在成長，你的孩子、你的家庭也將同步成長。

祝福你，我的讀者們。

02

恨是幻覺，愛是真相

她二話不說，收拾重要的東西，離開了他——就像當初離開爸爸那般，她離開了丈夫、放下了孩子，足跡停靠在許多國家，就是不願回家。

恨是幻覺，愛是真相

已婚的佩芬今年三十六歲，我認識她長達七年。

七年前，她一心一意報名參加培訓課程，想要成為中輟生關懷義工。
當我在帶領為期一年的輔導培訓課程時，只要那堂課談到原生家庭的相關內容，
她都不多話，表情多是緊繃、焦慮、拒絕多分享的。

我心底明瞭：她把生命中的一些過去埋藏得很好——
那是一些傷痛，也是一些遺憾。

可是，每個禮拜的課程會不斷地鬆動她心底的硬殼。
那些傷痛早就蠢蠢欲動，欲被釋放。

最後一堂課，她抓緊拳頭、咬牙切齒，述說那些憤怒——她與父親的關係向來都非常僵硬且疏離。

「爸爸是一個不講理的人。」她埋怨。

性格強悍，是為求生存

爸爸一直以很霸道的方式教育一家大小，每個家庭成員都要聽從他的指示。只有爸爸說的，才是對的。

她投訴說：「爸爸是一個大男人，常常欺壓媽媽。」

身為大女兒，佩芬覺得爸爸不可以如此專制。

結果，因為媽媽的懦弱無助，造就了性格強悍的她。

每當小小的佩芬為媽媽挺身而出的時候，爸爸總會叱罵她或鞭打她。

佩芬有三個弟弟，弟弟們對爸爸又敬又畏。爸爸對兒子們更嚴厲、更有所要求。

當她目睹弟弟挨打受罵，而媽媽也束手無策的時候，她一手阻攔，保護三個幼小弟弟，誓與無理取鬧的爸爸對抗到底！

這樣的成長過程，逼使她不得不站在一個與爸爸對抗的角色上。

剛滿十九歲，她便急急忙忙離開家鄉，選擇在吉隆坡繼續求學深造；只為了不要與爸爸共處，避免那長期的衝突。

每次回家，聽到爸爸又開始不可理喻的時候，她還是忍不住對著已年邁的爸爸大聲呼喝。

曾有一次，因為大男人主義的爸爸故意找碴，她忍無可忍，連忙收拾行李。回家不到二十四小時，她又離開家，這個不能容納她的家。

複製怨恨，再陷苦淵

佩芬二十幾歲時，情竇初開認識了一位外籍男友。爸爸知情之後，堅決反對，甚至警告佩芬，「如果你與那個男人結婚，你就不要認我做爸爸！」

不被約束的她不管三七二十一，還是與這位外籍男友結了婚，還生了一個女兒。

只有媽媽與弟弟們參加她的婚禮。
她心想，這樣的爸爸有沒有，也真的無所謂。

可是，她與父母的關係問題還是被帶進了她的婚姻關係。
在原生家庭裡，她學習到的是：「要與男性爭取權益，就一定要鬥爭到底！」
所以，每次她選擇從丈夫身上看到爸爸的影子時——霸權、掌控、沙文主義——她都非常受不了。

她的婚姻，毫無意外，也亮起了紅燈。
丈夫在外頭瞞著她，與另一個女人共處了一年。
那是她請私家偵探探知的真相。

看到證據後，強硬派的她，二話不說，收拾重要的東西，離開了他——就像當初離開爸爸那般，她離開了丈夫。

家人包容，傷口初癒

自此之後，她放下了孩子、放下了婚姻，一個人去流浪，展開了猶如浮萍漂泊的生涯。

她曾去緬甸當義工、去澳洲做生意、去非洲流浪……

足跡停靠在許多國家，就是不願回家。

因為，她知道爸爸一定會奚落她，一定會趁此難得的機會，逮住她的死穴，拚命數落、譏笑或怒罵她。

所以她唯有獨自靜靜地，在無數個失眠的夜晚，舔著心中一直淌血的傷口。

每次打電話回家，媽媽都會勸她回家。

最終，為了見媽媽、弟弟們，還有孩子，她回家了。

冒著被爸爸奚落的險，回家。

讓她意外的是，爸爸靜靜地，不出聲；一家人也不提起那段破碎的婚姻。

彷彿事情從沒發生過。

寬恕家人，選擇成長

二〇〇〇年，她到新加坡工作。

雖然與爸爸的關係不再激烈，可還是很僵硬，沒有共同話題。

二〇〇五年農曆新年的一個禮拜前，佩芬找我談，「我爸婚外情。我媽現在在我家裡不斷哭泣。我該怎麼辦？」

我告訴她：「你應該回家把爸爸帶過來。」

她說：「哪裡可以？我不行！」

我說：「我知道你行的。你已經不是過去的你！你現在充滿了資源、充滿了愛人的能力。這幾年，你參加了許多成長工作坊、輔導、助人工作，你已經不是過去的自己。」

我問她：「你恨你爸爸嗎？」

她說：「不會恨，只是生氣。」

我問她：「生氣的背後是什麼？」

她說：「在意。在乎。」

我說：「那你可以告訴他，你在意他、在乎他。**不要讓他知道你只是生氣他。試著告訴你爸爸，其實你很關心他。過年回家的時候，擁抱他。你已經不是過去的你了。**」

我解釋給她聽，「一般來說，兒子會比較親媽媽，而女兒會比較親爸爸。所以，你們四姊弟都親媽媽，爸爸在家裡肯定非常孤單。不要期待你的弟弟們扮演親近的角色，因為父子關係更難顯露感情。所以，如果你要維繫這個家庭，你一定要再回家。告訴爸爸，你愛他。其實這麼多年的賭氣，就在顯示大家都在乎彼此。」

最後我問她：「你要不要繼續成長？」

她說：「要！」

我說：「那就回家吧！成長的考驗和禮物在爸爸的身上。」

她很激動地對我說：「嗯。我一定做到。」

擁抱真愛，揮別舊怨

農曆年前夕晚上，她回家看見了爸爸。

她掙扎良久，不敢說出真心話，也不敢擁抱爸爸，只是試著與爸爸坐著聊天。

家裡已好久沒有這樣的畫面了。

她其實很想擁抱爸爸，可是不敢，內心忐忑不安。

我想，其實爸爸也很愛佩芬，可是他也不敢說。

因為彼此都害怕一旦顯示真誠、表達脆弱之後，會引來一番譏笑和數落。

年初一一大早，她向爸爸拜年。
在大廳裡頭，她深呼吸，鼓起勇氣，對爸爸說：「爸爸，我可以抱一抱你嗎？」
爸爸對著她笑說：「可以。」

她很驚訝，沒有想到會如此順利。
她緊緊地與爸爸相擁在一起。
那是她人生中第一次，與自己的父親靠得那麼近。

爸爸含著眼淚，女兒也紅著眼睛。
她雙手握著爸爸的手，說：「你要好好照顧你自己。我很關心你。」
爸爸低頭說出：「知道了。」
活潑可愛的孫女，看到媽媽抱公公，也嚷著要抱公公。

佩芬在當天傳訊息給我說：「我終於擁抱了我的爸爸。你說得對，我不再恨爸爸。**我不再是那個過去的自己了。**」

我在家鄉與家人拜年的時候，看到這則訊息，連忙回應說：
「就是這麼簡單。說愛，一點都不困難。**愛的力量，肯定比恐懼的力量來得比你想像中還要大。**佩芬，祝你新年快樂。」

專注於愛，創造出愛

回新加坡後，她對我說謝謝，還要邀請我吃晚餐。

我說：「不用了。你要謝謝的是你自己。**是你自己允許自己選擇了愛。一而再，再而三，選擇了愛。**好好記得你這一次的經驗，然後放在心上，告訴自己，你已經不再是過去的自己，**那些曾經為了求生存的招數，你可以放下了！**」

如今，她與爸爸的關係愈來愈放鬆，爸爸也因此能夠「回到」家裡的連繫。

其實，我們渴望的並不是我對你錯的遊戲，而是渴望再度被愛。

當我們每一次對父母或者伴侶說「我恨你」的時候，心靈隱藏的聲音是：「為什麼你就不能多愛我一些？」

當你感覺不被他們愛的時候，你才恨。

因此，當你怨恨時，是你暗中渴望再度被愛。

同時，遭受到最大殺傷力的，不是那被怨恨的人，而是那怨恨者，因為恨的能量就停留在那怨恨者心中。

你要清楚瞭解，關係不可能因為怨恨、對錯而得以改善；而是因為愛與自由，得以治癒。

如果你凡是專注在恨之上，你就會招引回應這恨的人與事。

如果你專注在愛之上，你就會創造出更多祝福與愛的機會。

上一代無法辦到的事，就讓我們這一代去完成它。

當你改變時，你身邊的人也會隨之改變。

愛是真相，恨是幻覺。希望你能明瞭。

03

原生家庭的悲劇力量：可摧毀，也可催化成長

「小時候，我跪在爸爸面前，求他不要走；沒想到，如今卻是我兒子，跪在我面前，求我不要走……」

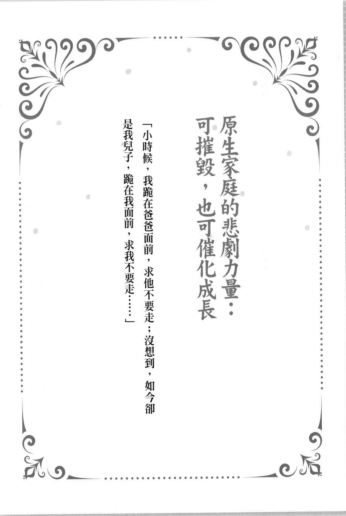

原生家庭的悲劇力量：可摧毀，也可催化成長

那個夜晚，媽媽不停地哭泣。
媽媽叫他跪下來，求爸爸。
他和妹妹思緒混亂，連忙跪下。
他用膝蓋一步步地走到爸爸跟前，眼淚大顆大顆地滴落。
他抽泣地向爸爸說：「爸，請你不要走！」

那一年，他只有八歲。
這幕情景，難以抹滅。

完美包裝，壓抑皺褶

如今，他三十八歲。

已婚，育有兩個子女，事業進入穩定期。

他把自己奉獻給感化院青少年，希望可以陪伴他們；他也修讀輔導文憑課程，不斷加強輔導實力。

他希望年老以後，可以把自己的事業轉讓給其他投資者，以便自己可以全心全意投入義工生涯。

他是別人心目中的好爸爸、好丈夫，常讓許多單身女子有相逢恨晚的感覺。

那天，他前來找我。

西裝打扮，笑容滿面。

那是他給我的第一個印象：一個很有魅力的男人。

他說：「我聽說，你對婚姻輔導有自己很獨特的做法。」

「誰說的？」

「我的義工朋友說的。還有，你寫的那一本書，也讓我這麼覺得。」

「大家賞臉而已，別相信他們。」

我很怕大家前來，是衝著那虛幻的名氣而來。我並沒有大家想像中如此博學多才。何況，對於婚姻和家庭，我依然在茫茫人海中學習如何愛與被愛。

他與我談了他的理想、事業、孩子、義工生涯、他對輔導學派的認知和經驗等等。一個近乎完美的男人，完美得讓我覺得過度包裝。

整個對談中，我早已察覺他不說他的父母，還有太太。

我不敢問，也無須多問。

我們之間，頂多只有輔導界同儕間的迷你交流關係，完全沒有輔導的成分存在。

最後，我們禮貌握手，說再見。

拆除包裝，問題得以流瀉

事隔一個月後，他再次前來。

我知道的，他會再回來。

因為，他還沒有說出他與父母、與太太的故事。

我想，那才是重點。

他今天看來很累。

雖然還是西裝筆挺，卻少了笑容。

他說：「我可以跟你談一談嗎？」

我說：「當然可以。」

我請他一同坐在輔導室內，我們的輔導關係開始了。

他說：「我需要一個人幫我整理。」
我說：「可以。」
一個擁有超強自尊的男人，是很不容易放下面子，尋求協助的。
他能夠再來，我已經覺得很了不起了。
至於整理、輔導，還是求救？那些字眼對我而言，一點也不重要。

他劈頭就說：「我和太太的關係很不好。」
我點頭，不說話。

「我把自己弄得很忙。我工作、上課、當義工……因為，我不想回家。我不知道如何與太太溝通。」
我點頭，還是不說話。

已有三年，他與太太不說話。
兩個孩子是他們的代言人。
無論如何，他是一個負責任的男人——是家裡的經濟支柱，也是孩子們的好爸爸。唯獨，不是個好丈夫。

他說：「我太太是個神經緊繃的人，非常沒有安全感。只要我出去，稍微打扮、噴香水，她就會問長問短。」

他也說：「太太曾經拿著一把刀，放在自己的頸上威脅說要自殺。她說我不能夠出去鬼混。那個晚上，我趕緊把孩子放在媽媽家，擔心她會與孩子們一同自盡。我並沒有鬼混。我根本沒有！我只不過去輔導中心當熱線義工而已。」

他補充：「她有憂鬱症。我陪她一同去看精神科醫生，醫生說吃藥就會沒事。她對我說問題其實在我這裡。我不明白為什麼她一直覺得問題在我這裡。我覺得問題在她那裡。」

我只傾聽，不多說。

因為，要談大道理，他比我懂得更多。

我相信他只需要一個宣洩的空間，就夠了。

最後，我們還是禮貌握手，說再見。

坦白說，這一次，我比較靠近他一些。

至少，他願意把過度包裝的面子，拆開來。

唾棄包裝，得以正視原貌

相隔一年後，我已經忘記他了。
他打電話來，「以量，還記得我嗎？」
對不起，我真的忘了。

他提了一些生活故事來提醒我。
喔，我記得你了，一個近乎完美的男士。

他再次前來輔導中心。
這一次，他不再穿著整齊，而是一身邋遢，還一臉鬍根。
我知道，他的生命價值被動搖了。
他看起來好累，臉色蒼白、臉頰消瘦。
他劈頭就說：「我的女朋友叫我離婚。」

女朋友？
是的，他認識了一個女人。
那是他心目中最完美的女神。
她熱愛生命，也熱愛輔導。
她是他的同學，也是他的義工夥伴。
他們有太多共同的話題、理想、價值觀。

最重要的是，他們對彼此都有心如鹿撞的感覺。
可是，她也已婚，婚姻也並非美滿。

她對他說：「如果你願意離婚，我願意和你一同走入我們的婚姻。」

我們的婚姻？
他怯步了。
他以為她可以給他平安、寧靜。
豈知，那只不過是暴風驟雨前的颱風眼。

太太聘請私家偵探打探他的生活舉止。
她對婚外情的來龍去脈一清二楚。

太太對他說：「你如果離開我們，我會與孩子一同跳樓尋死。」

結果，兩個猛烈颱風的轉速讓他招架不住。

他的兒子，在前個晚上，跪在地上，求他不要走。

說到這裡，他哭了。

無法再壓抑自己內心的傷痛，毫無保留地在我面前哭泣。

像個八歲男孩。

我陪著他，不出聲，只希望他能夠痛快地大哭一場。

希望他不再包裝自己，因為那完美的表象，是虛幻的，夠了。

當他稍微平靜時，我對他說：「你現在心裡在想什麼？」

他看著我，「為什麼我還是脫離不了那個詛咒？」

我搖頭，不明白。

他繼續，「小時候，我跪在爸爸面前，求他不要走；沒想到，如今卻是我兒子，跪在我面前，求我不要走！」

他的眼眶依然濕紅，語氣依然激昂。

我明白了。

那是一種原生家庭的詛咒——**兒時不想經歷的事情，卻隱捲在那洪流滾滾的生命裡，長大後，還是要經歷。**

而且，還要從不同的角色及角度再去經歷。

我彷彿看到「他跪在爸爸跟前」與「兒子跪在他跟前」的畫面重疊。

在這三代父子情中，他既是爸爸，也是孩子。

他說：「我從小就告訴自己，長大後不要像爸爸那樣不負責任。我一定要建立幸福美滿的家庭，我要讓孩子快快樂樂長大。可是，我現在卻把自己的整個家弄得一敗塗地，亂七八糟！」

他垂頭，抓緊了頭髮。

●●●

我知道我的立場很鮮明：

我很反對婚外情，更不鼓勵丈夫或妻子擁有婚外情。
我主張一夫一妻制。
因此，我知道接下來我發問的問題，或給予的回應，都會有意無意地，帶領他回去與妻子生活。

不過，我知道，這對他是沒有幫助的，
因為，每個人都擁有自由選擇的權利。

所以，我想引領他到另一條道路去——「探索原生家庭」的道路。
在他抉擇離婚與否之前，我希望我們能夠走一趟那叫「回家」的路。

發現詛咒，找到真義

於是，我請他再次敘述當時的情景，請他跪著對爸爸說話，重新演練當時的情況。

「那很難。」他說。
「是的，那很難。」我說。「但如果你願意繼續成長，我願意陪著你。你願意嗎？」

結果他脫下那包裝近乎完美的面具，跪下去。

我則扮演他的爸爸。

他對我說：「爸，請你不要走。」

他再次流下眼淚，默讀悲傷。

我緩緩走向他的身邊，蹲下去，陪著他。

我問他：「說完這一句話後，你覺得怎樣？」

「為什麼沒有人愛我？」

「你指的人是誰？」

「我爸爸。」

「所以，你內心想說『爸，為什麼你不愛我？』對嗎？」

「嗯。」

「你找到答案了嗎？」我問。

「沒有。」

「是的。**生命裡頭很多『為什麼』是找不到答案的。**」我站起來，停了一下。

看到跪在地上的他，我問：「你需要什麼？」

他說：「我需要愛。」

「真的嗎？」

他點頭，「是的。我需要愛、需要關心、需要體諒。」

「真的嗎？我還以為你需要成就、名利、完美？」

「不是的，我需要我爸爸的關愛。」

「爸爸還在嗎？」

「去世了。」

「那怎麼辦？」

「**我可以給我自己愛。**」他若有所思地說。

「嗯。我們邁向前一步了，你感覺到了嗎？」

他看著我，點點頭。

我不需要多說。他知道我的動機是什麼，用的策略是什麼。

我要他多愛自己。

那些父親沒給的愛，我們自行去學習、開發、創造。

那些父親留下的仇恨或遺憾，我們還給他們。

唯有多給自己一些愛，我們才能夠給別人愛，尤其是給我們的孩子。

我請他站起來，我則蹲在地上，扮演他的兒子。

我對他說：「爸，不要離開我。」

他語塞了，良久。

我緩慢地重複，「爸，不要離開我。」

他不停地掉淚，拚命深呼吸。

我站起來，問他：「你在想什麼？」

他嘆了一口氣，「很複雜。」

「嗯，請多說一些。」

他說：「我終於明白爸爸為什麼不能留下來。我也終於明白當初爸爸心中原來這麼矛盾、掙扎。以前我爸爸經歷的事，我竟然一步步經歷其中。」

「是的，那的確複雜。」我說。「不過，你打算做什麼新的抉擇？**你的選擇可以和你爸爸的不同嗎？**」

他思考了很久。

我不急，我是期待他多思考一些的。

他開始整理一些前所未有的思緒。

其實我們過去未學會的一些課題，如今會重現，就是要讓我們做出一個更好的抉

擇，以擺脱舊有的思維所帶來的痛苦。

後來，他說：「我不要像我爸爸那樣放棄家庭。可是，**我覺得現在最重要的，是學習如何愛我自己、尊重自己、肯定自己。那麼，我相信我的太太和孩子便不會放棄我。**」

我微笑、點頭。

他也稍微點頭，但不微笑。

不過，他清楚了眼前要走的道路。

我知道真正要走起來，並非易事。

最後，我們還是禮貌握手，說再見。

這一次，我看到了一個真實而沒有包裝的人。

後來，他就沒再來找我了。

我從別人的口中得知，他離開了女朋友，放棄了他的義工生活，也放棄了繼續深造的念頭。

他花了許多時間陪伴兒女。

雖然婚姻關係依然不如意，不過，他選擇不再行走和爸爸同樣的道路了……

讓我們一同祝福他們一家——他、太太和孩子。

04

關係阻塞，互動如何順暢？

「你爸爸的原生家庭以打罵來解決問題，你媽媽的原生家庭則以忍讓來解決問題。這樣的一對男女結為夫妻，如何能找出一個共同的方式來解決家庭問題？」

關係阻塞，互動如何順暢？

那是一場父母講座。

在沒有預設任何演講內容的情況下，我在演講現場提出幾個議題，讓聽眾舉手投票決定他們想聽的內容。

那晚，我不斷邀請聽眾們扮演不同的家庭成員，好讓大家從一些模擬家庭裡看出，「不同的關係如何牽引出不同的互動」。

其中一個模擬家庭是這樣產生的。

我請兩位年約四十的男士和女士扮演夫妻，並要兩人牽著一條布帶。

這條布帶，我告訴觀眾，「是夫妻線，是家庭裡頭最基本、最重要的關係線。」

接著，我請了兩名男士及兩名女士站在這對模擬夫妻背後。

「這後面的四個人是他們各自的父母。」我告訴觀眾。

然後，我再給這對模擬夫妻各自兩條布帶，請他們與自己的父母連結起來。

觀眾在臺下看到六個人——兩個在前，四個在後。

「看到了嗎？結婚不是兩個人的事情，是兩個家，甚至是整個社會的事情。」

教養態度，影響關係深淺

站在模擬丈夫的旁邊，我說：

「這個男生如何學做男人，很多時候，是從小就透過父親的身教與言教學習而來的。他如何與女生交往、溝通，很多時候，也是從小看父母如何溝通而學習來的。」

然後我走到模擬妻子的旁邊，重複地告訴觀眾：

「這女生，也是自小透過媽媽的身教和言教、以及父母的溝通模式，而學習如何做個女人，如何與男生交往、溝通的。」

我問：「到這裡為止，大家還看得懂嗎？」

許多觀眾點點頭。

我接著說：「好啦，我們現在要生孩子啦！我想生一個男孩子出來。」

臺下的觀眾哄堂大笑。

一個看起來三十多歲的男士自告奮勇舉起了手。

我請他站到臺上來，大家鼓掌給他鼓勵。

我請他站在爸爸、媽媽的面前，面向觀眾。

我請他拿一條布帶與爸爸連結，告訴觀眾，「這是父子關係。」

然後，請他拿另一條布帶與媽媽連結，說：「這是母子關係。」

我問觀眾，「請問：父子關係和母子關係是一樣的嗎？」

大家霎時答不出來。

我改問另一道問題，「請問你爸爸和你媽媽教你的方式是一樣的嗎？」

很多觀眾搖頭。

然後我說：「嗯。正因為教導孩子的方式不一樣，所以，關係當然也不一樣嘍！其實家裡每一段關係，在我們的心目中，都有不同的分量。有些孩子比較愛爸爸，有些則較愛媽媽，這是無可厚非的。當然，有些孩子，對爸爸、媽媽都恨。」

我調皮地與觀眾開一個無傷大雅的玩笑。

我相信當中他們的青少年孩子或許也有不喜歡他們的時候。

價值、態度，源自原生家庭

然後我問：「既然父母的教導方式不一樣，那他們是從哪裡學習教導方式的？」

由於一眼就看到了臺上的雕塑關係，很多觀眾立即可看出答案所在。大家都指出是模擬夫妻的父母。

「是的。我們都從我們的父母那兒學會如何教導孩子。很多時候，父母根本沒教我們，**我們只是憑藉他們如何對待孩童、青少年時期的我們，而複製同樣的方式對待我們的孩子而已。如何教導孩子，我們既沒繳費上課，也沒參加考試。所以，第一個孩子，很多時候都是實驗品。**」

這段話，很多父母點頭同意。

臺上的模擬兒子也點了點頭。

我問他：「我猜，你也是家裡的大兒子吧？」

他說：「是的，你怎麼知道？」

「因為我看到你在點頭呀！我的話好像說到你心裡去了。」

大家都笑起來。

我問他：「你的爸爸如何對待你？」

他停了一下，說：「我爸從小打我打到大。他對每個孩子都打。」

臺下有些觀眾忍不住笑了出來。

我揮手示意大家不要嬉笑。

我說：「謝謝你這麼真誠的分享。我知道站在這麼多人前面，要說出這番話，非常不容易。」

他低下頭說：「是的。」

站在他身邊，我可以感受他無奈又憤怒的情緒。

「你說你爸爸打每個孩子，你有多少個兄弟姊妹？」

他說：「我只有兩個弟弟。」

我問他：「我可以在這裡讓你看看你原生家庭的互動嗎？」

他說：「好的。」

我們拆開了剛才的家庭雕塑。

我請後排的四位祖父母們下臺。

收起所有的布帶，我請他再從觀眾席裡，挑出兩個像他弟弟的人上臺。

臺上剩下的是：爸爸、媽媽、他，及兩個弟弟。

態度不變，關係豈能改善？

他說：「爸爸是個有錢人，生意近千萬。」

嗯。我聽懂了，那是一個有錢、有權、令人敬畏的爸爸。

我請爸爸扠腰站住。

他再敘述：「我媽是個典型的家庭主婦。三從四德。什麼都是爸爸是對的。」

嗯。我也聽懂了，那是一個懂得忍讓、無法抗權、忍一時風平浪靜的媽媽。

我請媽媽跪在爸爸的旁邊。

模擬媽媽很不情願地蹲了下來。

我問他：「這樣的畫面，你熟悉嗎？」

我指著爸爸站、媽媽跪的畫面。

「嗯。就是這樣。」

我問他：「你爸爸在你幾歲時開始打你？」

「在我很小的時候。有理由、沒理由，他都打。雖然他現在老了，不再打我，可是，我現在每次回家，他只要做一個左右我的眼神，或說出一種控制我的語氣，我都會很反感。現在輪到我很想打他。所以，我不常回家，因為每一次都是不愉快地開車回到城市。」

「你想怎樣打他？」

「狠狠地打他一頓。」

嗯。我聽到了他心中還存有對爸爸的許多怒氣。

我請另一個觀眾扮演他，並站在爸爸的面前。

爸爸與長子都伸出手去責備對方。

我說：「你的弟弟呢？」

他說：「我的弟弟一個吸毒、一個在國外跳機了。」

聽起來，這個家庭並不保護孩子，而是害孩子。

我請兩個弟弟背對著這個家庭，表示能逃多遠就逃多遠。

我指著那個家庭雕塑，問：「你的家庭，現在就處於如此狀況，是嗎？」

他點頭。

「你怎麼看你的弟弟們？」

「我很羨慕他們。」

「嗯，至少他們不用再面對這樣的爸爸，不再回去這樣的家庭。」

他點點頭。他被瞭解。

「所以，我不喜歡回家。每次回家，我一定看到媽媽重複同樣的故事、同樣的哭泣。然後，我一定看到爸爸用同樣的語氣來罵我。」

歲月時光不斷流走。

可是，這位男士的父母依然用著二十年前的互動方式，沒有太大改變。

一個三十歲的大兒子，彷彿還是被父親以對待一個十多歲孩子的方式來看待。

人沒問題，互動關係有問題

我問他：「你再看這個畫面一次。」

我請五位模擬家庭成員很認真地把這個家庭雕塑表現出來——
爸爸伸出雙手，對著每個家庭成員怒罵、斥責。
媽媽蹲在地上，對著每個家庭成員忍辱求全。
大兒子也伸出雙手，覺得父母讓他很反感。
二兒子和三兒子背對著這個家庭，彷彿已經不再與他們有任何關係。

他很用心地看著這個家庭雕塑。

我問他：「你覺得問題出在哪裡？」
「在爸爸那邊。」他說。
「不是的。」
他給了我一個他看不懂的表情。
「你來當爸爸，感受一下爸爸的心情。」我邀請他。
他站在爸爸的角色位置上，伸出雙手，很認真地看著自己的家庭。
我問他：「你覺得怎樣？」

他嘆了一聲說：「很累。」

我說：「嗯，你的爸爸也是人，長期用這麼高亢激昂的能量來控制你們，一定非常累。他也在這個家庭受傷了。其實，每個家庭成員在這種狀況之下都是很累的。你現在再站出來。」

我請那位扮演爸爸的觀眾繼續扮演爸爸。

我再問他：「你覺得問題出在哪裡？」

他說：「媽媽？」

我搖頭，「不是。」

我再問他：「你覺得問題出在哪裡？」

「是我們三個嗎？」他問。

「不是。你們都不是問題。你們三個只是長年累月地背著那個問題。」

我說：「**不是成員出了問題，而是關係的互動出了問題。**尤其是你父母的夫妻關係——那段家裡最根本、也最基礎的關係。」

他若有所思地看著我。

中止舊傷，創造新好幸福

我問：「你爸爸這麼喜歡打孩子，他從哪裡學來的？」

他說：「我的爺爺也是很凶的，他比我爸爸更厲害。」

我再次問：「你媽媽可以容忍到這種地步，也不為你們爭一口氣，她從哪裡學來的？」

他說：「我的外婆可沒有這樣。不過，我的外公可是一個好人，非常好。我媽媽這一點，就很像他。」

我說：

「你看。你爸爸的原生家庭以打罵來解決問題，你媽媽的原生家庭則以忍讓來解決問題。這樣的一對男女結為夫妻，如何能找出一個共同的方式來解決家庭問題？

「你的爸爸愈生氣，你的媽媽就愈忍讓。媽媽愈是忍讓，就造成爸爸更敢於生氣。所以，你們三人就要在他們不平衡的互動裡頭找到一個平衡點。

「**通常，在父母的衝突壓力之下，孩子不是反抗（fight），便是逃開（flight）**。你選擇了反抗，你的兩個弟弟則選擇了逃開。不論反抗或逃開，你們都受傷了，都為父母兩個原生家庭的衍生付出了代價。」

他靜靜地聽。

我問他，也問臺下的觀眾：「你們明白我說什麼嗎？」

大家點了點頭。

我對聽眾重複地強調：

「夫妻關係是家庭裡頭最重要、最根本的關係。

「如果你看我們臺上的這一個家庭，甚至是你們的家庭，你會發現，每段關係都有血緣關係。可是，夫妻是沒有血緣關係的。

「然而，夫妻關係不僅非常重要，也非常脆弱。

「很多時候，我都發現所謂『青少年偏差問題』，多是源自夫妻不良好的溝通基礎。

「孩子的『問題』，不是他們自身有問題。大部分的孩子只是背著『家庭問題』。」

男士聽後若有所思，「你這段話，很震撼我！」

「你現在看到了，想怎麼辦？希望如何調整自己？」

「我現在看得比較清楚了。」

他說：

「我一直以為問題出現在爸爸身上，可是當你說『是互動關係而不是人出了問題』後，我彷彿覺得我們都沒有問題了。」

我笑著說：「問題還是有的。可是很多時候，問題不是問題，如何應對問題才是問題呀！」

我做了這樣的建議：

「雖然我們無法選擇哪類型的人做我們的父母，父母也無法選擇哪類型的孩子做他們的孩子，但我深信：人的互動猶如一面鏡子——**雖然不能決定別人怎麼動，但卻可以決定自己先怎麼動。**」

我很感謝這位男士的真心分享，他讓我們這一個夜晚有太多的學習。

●●●

離開現場前，這位男士喚住了我，說：

「我一直努力學習做好一個兒子，也努力學習做好一個爸爸。」

他希望這一趟回家鄉可以擁抱自己的爸爸。

他目前育有一男一女。

他很認真地告訴我，他如何養育兒女，如何不再用上一代的方式對待自己的孩子。

我笑問他：「你有打你的兒女嗎？」

他笑著對我說：「有時候，也是要打的。」

我們倆笑了起來。

與他和他太太握別時，我特別對他太太強調了一下：

「你的老公很棒！祝福你們！」

坐車離開時，我拚命向他們揮手道別，希望他們能夠打造一個保護孩子、而不傷害孩子的家庭。

讓當初的傷害停止在原生家庭裡，不再衍生、不再荼毒我們的下一代。

05

你的淚與累，要他來負責？

很多受害者的眼淚、埋怨，都是變相的權力，試圖要掌控身邊每一個人，來引發身邊每個人對他產生愧疚感……

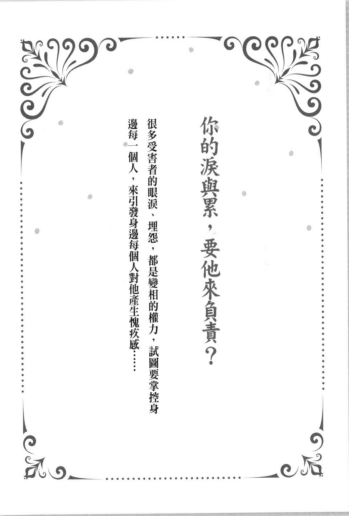

你的淚與累，要他來負責？

孩子喜歡遊戲。
其實大人也沉迷於遊戲。

那是一場又一場的心理遊戲。

我很喜歡精神科醫師卡普曼（Stephen Karpman）於一九六八年所提倡的「戲劇三角形」概念。
他假設每一場心理遊戲都是一齣小小的戲劇。
而劇中只有三種角色：拯救者（Rescuer）、迫害者（Persecutor）和受害者（Victim）。

他說大人們在玩心理遊戲的時候，往往會不由自主地掉入一個固定的角色；偶爾也會調換角色，繼續在這齣劇中求取生存。

很多時候，三方都會受傷累累，敗北收場。

一個家庭若有太多無法承受的壓力，心理遊戲就更容易顯現。

一個會傷人的家庭，會不斷重複同樣模式的心理遊戲，讓孩子也被捲入其中。

這樣的孩子長大後，即使對手、情境都不一樣，他仍會無意識地邀請別人不斷地與他重複同樣的遊戲。

彷彿那是他活著的真理。

而他的責任就是要把此遊戲繼續傳給下一代。

他不知道，其實他已經迷失在其中了——傷害了孩子、也傷害了自己……

受害者拯救迫害者，均致疲累收場

我有一名女個案，她曾閱讀我在新加坡《聯合晚報》接受親子輔導的採訪，因此特意前來尋求輔導。

三十八歲的她是一名專業人士，也是生意人。

從她一身黑色中性西服的打扮來看，就知道她在職場上有一定呼風喚雨的能力。

她帶了兩個女兒來看我。

她一開口就用一口流利的英語對我說：

「我已經試過很多輔導員，也找過了很多有名的精神科醫生，可是，他們都不是很好，也不夠專業。現在，我來給你看一看。」

然後她用一種很厭惡的眼神看著她那兩個兒女說：「看看你是否能夠修理她們！」

（See whether you can fix them or not!）

我聽後，不舒服地皺著眉頭。

我對她所說的「修理」（fix）字眼不敢苟同，更對她的第一段開場白感到反感——她的語氣咄咄逼人，有一種對助人者不屑的挑釁。

我沒有回應她的問題，也懶得向她解釋孩子是不可以被修理的。

更何況請我去「修理兒女」的父母，又不只有她一個。

我看了看那兩個女兒，也看一看她們填寫的資料。

一個十四歲，一個十二歲。

打扮也非常時尚的她們，看起來都對媽媽說的話無動於衷。

兩雙眼睛不斷地遊走於輔導室的空間裡，就是不肯逗留在我或媽媽的身上。
我嗅得到一種無形的憤怒正醞釀著，彷彿她們心中的叛逆力量可以隨時爆發。

這個家，到底發生了什麼事？

這個家的男主人，三年前離開了。
因此一根蠟燭兩頭燒，媽媽扮演了兩種角色——
她是爸爸，也是媽媽；是白臉，也是黑臉。
她對自己、對女兒們的期待都非常高，也對家庭的付出盡心竭力。
她一直告訴我，「我花在她們身上的時間與精神，多到你無法想像。」
我明白了。那是過多的愛——
會把孩子溺死，也會把孩子困死。

她說：

「為了她們，我根本沒有時間吃晚餐，在辦公室也忙到沒有時間吃午餐。」

「為了她們，我花了無數個夜晚，讀了無數本親子教育的書籍。」

「為了她們，我犧牲了自己很多個人時間，拒絕了很多男士對我的追求。」

「為了她們，我到現在都還沒有小便。我已經憋尿憋了好幾個小時。」

說到憋尿的時候，她哭了。

扭曲的表情完全不像個媽媽，倒像個受盡傷害的小女孩。

看到她哭泣時，大女兒忍不住反駁說：「我又沒叫你不小便！」

媽媽要兩個女兒負責她心中所有的傷害。

包括憋尿的委屈，也是女兒「害」的，她們該擔負起責任。

我明白了，她在扮演受害者的角色。

話語的內容有著很濃厚的受害色彩。

那是她最熟悉的神韻、語氣，以及不斷重複埋怨的對白。

她那兩個孩子有行為偏差問題嗎？

沒有。

她們只是不比別人的孩子聰明、反應不夠敏捷、家務做得不夠「專業」（「專業」

是這位媽媽用的詞語——They are not professional enough to do the chores.）。

她們不聽話、不服從，只會頂嘴。

聽到這裡，我也明白了。

爸爸的逃之夭夭，加重了媽媽做為受害者的戲分。

一旦媽媽扮演如此典型的受害者角色，就必須要有對角，戲劇才能上演。

結果，兩個女兒都不願意做拯救者，偏偏選擇了與媽媽作對的迫害者角色。

成長與改變，全靠自己

受害者，對於掌權有著非常濃烈的欲望，因為他們內心嚴重缺乏安全感。

他們需要外在的肯定與成就來鞏固自己的內在價值。

如果你能夠看清楚，很多受害者的眼淚、埋怨，甚至是一些「可憐我吧」的言語，都是變相的權力，試圖要掌控身邊每一個人，來引發身邊每個人對他產生愧疚感。

所以，讓你猜，這個媽媽到底要我扮演什麼角色？

當然是拯救者的角色了！

如果我認同她的付出，可憐她的犧牲精神，進而願意「修理」她的女兒，這一場劇就可以堂皇地正式上演了。

而我，就會不由自主地被捲入這一場心理遊戲……

可是，她萬萬沒想到，我拒絕做拯救者的角色。

我請兩個女兒離開輔導室，單獨與這位媽媽對談。

我用很專業的語氣告訴她：「如果你要改變你的孩子，首先你要改變你自己。

「因為，**孩子只是家庭的一面鏡子。他們只是反映家庭互動的病態，他們並不是病態的本身**。所以，我們大人要重新成長自己，重新整理自己。」

她告訴我：「我已經做過 TJTA 的測驗啦！我還要成長什麼？」

TJTA（Taylor Johnson Temperament Analysis）能夠測出個案的十八種性格，進而推測個案與人們的互動模式。

我對她說：「我的意思不是要你再做 TJTA 的測驗，而是要你改變你自己。」

「我為什麼要改變自己？」

「你的問題問得很好。你覺得有必要改變你自己嗎？」

「我覺得我沒有必要改變自己！以前我的媽媽也是這樣對待我，可是我從來不頂嘴，也不反駁。雖然她管我，對我要求很高，但我卻很能夠體諒她，因為她很可憐，爸爸一直虐待她。所以，現在輪到我這樣做媽媽，我覺得一點都不過分！」

我聽到了——
她以前是扮演拯救媽媽的角色，所以，她也會要求女兒同樣做到拯救者的角色。
可是，我深信她的期望會落空。

我發現無論我怎麼說服她，她都不同意我的說法。
最後，我不勉強她，只是誠實地告訴她：
「有一天，當你願意改變你自己時，我會在這裡幫助你。」

我們結束了這一次的面談。

愛的成長，是重新創造自己

如果這位媽媽有機會看到我這篇文章，請原諒我當初的詞不達意；讓我現在把話說得更清楚一點。

成長不是回顧原生家庭，發現問題，然後為自己找一個藉口，把責任推卸給父母。

成長不是一直把知識往頭腦塞，然後把知識轉化為權威，要孩子服從。

成長更不是繼續扮演受害者，要每一個人為你現在的生命而負責，要每一個人為你而做出改變。

要是這樣可以讓你的女兒成長，我稱之為「傷害的成長」。

對我而言，**成長是回顧原生家庭，發現問題；不找藉口，重新創造自己。**

成長是不斷求知，把知識運用在自己的身上；去蕪存菁後，才散發給別人。

成長更是拒絕再扮演受害者，決意為自己的生命而負責，做出改變。

這種成長，我把它稱為「愛的成長」。

所以，媽媽，你到底選擇了傷害，還是愛？

06

把負面的還回去，把正面的傳下去

「我真的希望有一天，我終於可以把焦慮和憎恨還給媽媽。不過，我保留了媽媽給我的愛和關懷……」

把負面的還回去，把正面的傳下去

我很喜歡在帶領父母成長團體的時候，問大家以下兩道問題：

「如果今生你只有一份禮物可以送給孩子，你最想送他什麼？」

「如果今生你只有一種思想可以傳承給孩子，你最想傳承什麼給他？」

我有一名女個案。

在兩年的輔導過程中，她的遭遇給了我很多提醒及感觸。

三十八歲的她很漂亮——一頭秀麗的長髮、消瘦的瓜子臉。

不只天生麗質，也很會打扮。

她對我說：「我長得像我媽媽。」

與她互動一段日子之後，我覺得她的內心世界也像她媽媽。

因為，她的媽媽送了一份叫「焦慮」的禮物給她，也傳承了一種叫「憎恨」的思想給她。

重複的警惕，變成了咒語

媽媽在她九歲的時候，與爸爸離婚。

原因是爸爸與另一個女人生了兩個小孩，有了另一個家。

媽媽堅決要和爸爸離婚。

爸爸也放棄了撫養權。

結果，只剩下媽媽、弟弟和她相依為命。

媽媽哭泣、失眠、孤立自己，並拒絕讓丈夫回來探訪兒女。

媽媽是一個刻苦耐勞的傳統女人，很辛苦地把他們撫養長大。

她常對女兒說：

「以後不要找這樣的男人做你的老公！」
「以後不要像媽媽這樣千依百順。不然，你的命會很苦！」
「以後千萬不要搶別人的老公！」

話語背後的動機絕對是愛女心切。
可是日以繼夜的提醒，根深柢固，聚沙成塔。

媽媽以為這些話語是警惕、是善意。
她不知道，**不斷重複這樣的話語，會變成一種咒語——不但左右了女兒的未來，也把自己心中對丈夫的憎恨傳給了女兒。**

由於自小就不斷吸收媽媽對爸爸的怨恨，也必須與媽媽的焦慮共處，不知不覺中，媽媽影響了她如何看待男性、如何對待男性、如何與男性共處。

十五年後，她選擇了一個完全不像爸爸的男人作丈夫——
他讓她有安全感，不抽菸、不酗酒、不輕浮。
結婚時，丈夫還承諾：永遠愛她。

在丈夫的守護之下，她不需為家計煩惱。
生活美滿、幸福。
她為他生了四個女兒。

多年後，當丈夫的生意開始上軌道，直接多了許多不必要的應酬時，他學會了抽菸、喝酒。
每次他都帶著濃濃的菸味、酒味，還有香水味一同回家。

她童年陰影的不安即刻排山倒海、心中的焦慮也隨之湧起——
這些感覺很熟悉、很熟悉。

起初她懷疑先生有外遇。
她問他是否在外面有女人。他發誓，「絕對沒有。」

她開始控制他的錢財。

他讓她知道每個月的收入及花費；她要求他接受結紮手術，他答應了；而且，每個月給她四萬元（臺幣），做為額外的私人費用，以證明他不說謊。

沒想到，她竟然用這四萬元請私家偵探監視丈夫的生活動向。

後來她更變本加厲——

限制丈夫的公司不可以有任何女員工；常到公司突擊檢查丈夫的舉動；還騙公公和婆婆說丈夫沒有給她任何家用。

長久活在被猜疑的日子裡，丈夫的容忍度到達了極限。

忍無可忍之下，他先提出了分居，然後離婚。

這一切，對我的女個案而言，在在「證明」了她之前的猜疑全是對的。

因為，丈夫最後還是選擇不要她；就像當初爸爸也不要媽媽那樣。

可是明顯的，**今天的結果，卻只是她心中的焦慮和恐懼一手鋪造而成的。**

我彷彿看到，她媽媽對爸爸的焦慮及怨恨終於延續了下來！

媽媽的「叮囑」把他們的夫妻關係給堵住了，且繼續進行破壞。

假以時日，斬除憎恨

如今，她牙痛、頭痛，頭髮也開始脫落。

偶爾她也發抖、發冷，還很想自盡。

她告訴我：「以前爸爸離開的時候，我媽媽也是這樣的。」

她還哭著對我說：「如果媽媽現在還健在，她一定會支持我，她一定會去罵他！」

是的。她正在經歷她媽媽絕對不想要她經歷的經驗。

可是媽媽絕對料想不到，以前她的焦慮與恐懼，如今卻活生生地，在女兒心中繼續放肆地蔓延開了！

而我相信，這根深柢固、不被斬除的「憎恨」與「焦慮」，必然還會有下一個目標，那正是我女個案的女兒！

在兩年的輔導過程中，我給她一些方向——

我告訴她：要割斷媽媽對爸爸的焦慮與憎恨，要重新拾起對爸爸的尊敬及關愛，要疼惜自己、信任丈夫……

可是，無論我做什麼努力，都四處碰壁。

後來，我終於知道，「憎恨」與「焦慮」才是她最珍惜的禮物，因為，那裡頭夾雜著媽媽對她的濃厚愛意——

叫她丟掉這些禮物，無非是叫她背叛她深愛的媽媽。

況且，那些根深柢固的思想，已經擴散到生活各個層面，並非輕易就能連根拔起。

這兩年來，她與我一同走了一段很漫長的自我成長道路。

她能夠繼續前來接受輔導，不選擇自殺、不選擇放棄，就已經很鼓舞人心。

她雖然看到了，也明白了，可是目前暫時還沒能力扭轉乾坤。

不過，我們都沒有放棄。

我真的希望她終有一天能夠清楚地告訴我：

「我終於可以把焦慮和憎恨還給媽媽。不過，我保留了媽媽給我的愛和關懷。」

切斷負面，傳承正面

各位讀者：

不管過去，你的父母愛不愛你、在不在你身旁、重視你或忽略你；他們都在你的童年，透過身教及言教，給了你很多對接觸世界的最初經驗。

經驗決定了思想；思想會左右性格；性格則會譜寫命運！

同樣的道理，不管現在，你愛不愛你的孩子、在不在他身旁、重視他或忽略他，現在的你，也正透過身教及言教，提供許多最初經驗給你的孩子——你也正在譜寫他們的命運！

所以，你看到了嗎？

上一代給你什麼，你有很大的可能，會繼續傳給下一代。

上一代給你焦慮，你會身不由己地，把焦慮傳給下一代。

上一代給你憎恨，你也會不由自主地，把憎恨傳給下一代。

如果你想要改變這樣的定律，你就要先從自我成長開始！

如果你願意，你可以重新整理自己的成長過程——

你可以回顧父母如何對待童年及青少年的你，你也可以檢視你與父母的關係，以及對他們的感覺。

你可以檢查原生家庭的不成文規則、成員之間的責任與期待、角色及權力如何分配、男女性別的模仿與互動模式等等。

你將會慢慢發現，這一連串的事物是怎樣影響了你、造就了今天的你。

有一天，你必會發現，你愈來愈有能力把所有負面的，都交還給上一代，把所有正面的繼續傳承下去。

甚至，你自己有更多的能量，創造更豐富的給下一代！

文章結束前，我還是懇切希望你再思考：

在你的生命裡，你的父母曾傳承了什麼給你？

而你又打算傳承什麼給你的孩子？

請你認真思考，也可以從觀察自己與孩子的生活互動做起，因為，這將會決定孩子的命運，也決定你往後的命運！

07

我很愛他們，我卻被孤立了！

「為什麼爸爸做這麼多壞事，還是永遠贏我？為什麼他們永遠都聽爸爸的話？」

我很愛他們，我卻被孤立了！

有一次，我在吉隆坡帶領父母自我成長團體。
那是由一群父母組成的團體，偶爾會邀請一些社會人士做演講。

有一位看起來四十多歲的媽媽在發問環節的時候，問了一個問題：
「為什麼我的大兒子都不說話？」

我問：「他跟家裡哪一個長輩最像？」
媽媽對我說：「他的爸爸。」
「嗯。你的問題，再問一次。」
「為什麼我的大兒子不跟我說話？」
「如果你自己回答，你的答案是什麼？」

她尷尬地回答：

「因為他不喜歡我，他的爸爸也是這樣。」

「這樣的答案很誠實，謝謝你。」

我想了想，決定做一個冒險。

「你願意站在臺上，讓我雕塑一幅家庭互動圖給你看嗎？」

她點點頭。

壓抑痛楚，反而惡化關係

我請她在現場來賓裡，選出幾名觀眾扮演孩子的爸爸、她的大兒子及小兒子。

一站在臺上，我就說：

「你在家裡，一定很寂寞。」

「你怎麼知道？」淚盈滿眶的她問我。

當下我看到三位扮演家人的男生都很無意識地站在一起，就是不願意站在這位母親的身旁。

我說：「你看他們三位被選出來之後，自然而然地站在一起。這樣的情景或感覺，你在家裡是不是也很熟悉？」

我趁此難得的機會與臺下的觀眾做些分享。

「各位，你們看到了嗎？這三個家庭成員，他們聯盟在一起。為了一些原因，或者發生了一些事情，他們聯盟而做出對抗。如果你的家裡有人聯盟，一定有一些人落單、被遺棄，無論落單的人做了多少努力，都徒勞無功。對嗎，媽媽？」

媽媽拚命點頭，她的淚一直在流。

我站在媽媽的身旁，指著問：

「發生了什麼事情，會導致他們不願意和你站在一起？」

媽媽嘆氣，「太多了。」

「你印象最深刻的又是什麼？」

媽媽說：「我的先生，在我懷第二個孩子的時候，我親眼看見他與另外一個女人在大庭廣眾摟摟抱抱，非常親密。」

我不想讓她說這麼多，畢竟我們當時也在大庭廣眾。

我擔心這會讓她和家人再度受傷，所以我打算不讓她繼續揭露家事。

可是，她鼓起勇氣的開放態度，令人激賞。

她不顧我的打岔，繼續說：「所以，我當天回家拿起藤條，就鞭打我的大兒子。」

扮演大兒子的男生，當場立刻再退後一步，與媽媽的距離更遠了。

「媽媽，你的意思是說：你沒有辦法對抗你的先生，所以，你把怒氣出在孩子的身上，是嗎？」

媽媽點點頭，「有時他們在睡覺，而我深夜裡心情不好時，我會拉開他們的被單，拚命用藤條打下去。」

她指著那兩個兒子這麼說。

兩位扮演兒子的男生聽後，連忙躲在爸爸的身後；扮演爸爸的男士，也張開雙手。他們之間，突然像玩起老鷹抓小雞的遊戲。

臺下的人，哄堂大笑。

這麼真實的畫面，都會發生在我們每一個人的家庭裡頭。

畢竟，這些痛楚都有普遍性，多少會碰觸到觀眾的內心。

我看到臺下一些女士，邊笑邊擦眼淚。

其實，臺下許多笑聲都在掩飾內在的不安與焦慮。

夫妻權力鬥爭，孩子受害

然後，我在臺下邀請一位女士扮演這位媽媽。
我邀請媽媽站在外圍看這個模擬家庭的互動。

我要扮演媽媽的女士，伸出右手指向先生；然後舉起左手準備要打兩個孩子。
她配合得很好，用她很凶的樣子好像隨時要用拳頭打下去。
爸爸自然而然會保護兩個孩子。

我讓他們隨意發揮互動的狀況。
數十秒之後，形成一種畫面——
扮演媽媽的女士站上了椅子，爸爸也立即站上椅子。
夫妻都扠腰用手指互相指責對方。

大兒子在臺上找不到第三張椅子，不過依然與爸爸挺立站直，繼續和媽媽對抗。
二兒子則躲在爸爸與哥哥的後面，彷彿這一場內戰與他無關。

我要他們停在這個畫面裡。

回頭，我對站在我旁邊的媽媽說：「媽媽，你看到什麼？」

媽媽對我說：「為什麼爸爸做這麼多壞事，還是永遠贏我？為什麼他們永遠都聽爸爸的話？」

「你要聽聽他們的答案嗎？」我指著他那兩個孩子說。

她點點頭。

我叫扮演媽媽的女士下來，要真實的媽媽站在椅子上。

我問二兒子：「你現在的心情怎樣？」

二兒子說：「為什麼爸爸媽媽時常要吵架？我希望他們早一點離婚。我不喜歡爸爸，也不喜歡媽媽。可是，媽媽比爸爸凶，所以我寧願站在這裡。」

我連忙對媽媽說：「媽媽，這些都是很真實的聲音，不要反駁，也不要排斥，靜靜地聽清楚。這些聲音都是我們在真實生活裡聽不到的聲音。所以，我希望你此時此刻能夠聽一聽。不要回應。」

她點點頭，表示願意合作。

我看著大兒子，他對我說：

「我其實也很可憐她。可是，每一次我想要接近她的時候，就會很不舒服。她好像想把我們每一個人都推開。你看她的眼神，多麼恐怖。」

他指著站在椅子上的媽媽如是說。

我點點頭。

然後走到爸爸的身旁。

扮演爸爸的男士則說：「其實，我現在的手很累。站在椅子上，我又怕跌倒。可是，看到她要站在椅子上的時候，我怎麼可能會輸給她？」

我又乘機對臺下的觀眾說：「爸爸分享得真好。**其實我們每一個人都怕輸，尤其是在孩子的面前，我們都怕輸給對方**。所以，我們都會無意識地在孩子面前爭寵。不成熟的父母更會如此。**因為，我們每一個人都渴望被認同、被接納、被愛、被尊重。**一旦怕輸的狀態發生了之後，夫妻之間的權力鬥爭就立即開展了。」

我拿出一條繩子，叫爸爸與媽媽各自握著繩子的一端。

要兩個兒子蹲在繩子下面。

我吩咐爸爸與媽媽要拚命用力拉扯，絕對不要輸給對方。

這樣的互動畫面，我對觀眾說：

「**這樣的權力鬥爭，我們不知道其實我們傷害了多少個孩子。**我們也不知道，這社會上到底有多少個孩子從小到大當過多少次的出氣筒、做了多少次的代罪羔羊。」

蹲在下面的兩個兒子拚命點頭同意。

我問大家：「你知道為什麼他們還願意做出氣筒、做代罪羔羊嗎？」

全場人安靜下來，很認真地在看著權力鬥爭的畫面。

我回答：「**因為每一個孩子的心裡都希望爸爸愛他、媽媽也愛他，所以他願意付出任何代價來贏取愛。可是，一個心中沒有愛的爸爸或媽媽，又怎麼能把愛傳給孩子呢？**」

不會愛，不代表不想愛

我說完之後，走向還站在椅子上的媽媽問：

「媽媽，你看到什麼？」

她說：「我真的這麼凶嗎？」

她對剛才大兒子的回應仍然耿耿於懷。

我對她說：「你自己認為呢？」

「我不認為我有這麼凶。」

「好，那你在這裡證明給我看。」

她問我：「我該怎麼證明？」

我對她說：「你要下來，踢掉椅子，然後站在這裡，等你的大兒子靠近。當他靠近時，你不可以舉起手又要罵人或打人的。你要證明給大家看你真的沒有這麼凶。」

我請大兒子慢慢地一步一步靠近媽媽。當他們愈來愈靠近的時候，媽媽卻退後。

她說：「我的大兒子，他不會與我這麼靠近。」

我問她：「你自己的原生家庭有多少個男生？」

她告訴我：「爸爸，還有兩個哥哥。」

我問：「你與他們能夠這麼靠近嗎？」

她說：「我都不跟他們說話的。」

我說：「你看，這就是你要多成長、多努力的地方嘍！你要學習如何與自己的兒子親近。**以前你在成長過程中，沒有學到的，現在開始學，也不遲。**

「很多時候，我們都習慣疏遠了，靠近的時候，反而非常不自在。難道你不想這麼靠近你的大兒子嗎？不然的話，我猜你也不會來聽這一場演講，也不會舉手問我關於你大兒子的問題了，對嗎？」

我繼續對大家說：

「關於愛與關懷，我們真的不能強求別人會付出或別人會接受。

「**當你看到你的孩子需要關懷的時候，請你不要計較前科，伸出你的手付出。當你看到你的孩子能夠關懷你的時候，不要推開他，也請你伸出你的手接受。**

「同時，你要記得：**你沒有辦法要求你的孩子在你認為最適當的時候付出他的愛，以及接受你給他的愛。因為，愛真的無法強求。愛是心甘情願付出與接受的。**

「當你願意接受這個道理之後，你要多運用在你自己的身上。然後，你就能夠用身教教導你的孩子：什麼是愛、什麼是關懷。而不是用言教拚命告訴你的孩子，他該怎樣、不該怎樣，那只會讓他心中對你的憤怒醞釀得愈來愈多。

「這樣子說，你懂嗎？」

我不知道，她懂多少。

不過，她很肯定地點頭了。

再做一些對話之後，就結束了我與這位女士的互動。

一年後，我為了推廣新書《已亮的天空》，在吉隆坡辦了幾場演講。其中一場演講完畢後，我為聽眾們簽書。

她帶著她的兒子找我簽名，「以量，你還認得我嗎？」

我說：「我當然記得你。你的真誠，我一直都留下很深刻的印象。」

「這是我的大兒子。」

「哦，這麼大了。」眼前是一個大約十多歲的男孩子，個子高瘦，戴著一副褐色框架的眼鏡。

這個孩子靦腆地對我說：「老師，可以在書本裡寫幾行字給我嗎？」

我拿著屬於他的那本《已亮的天空》說：「沒問題！」

我寫上：

願你心中有愛；能夠付出愛。
願你心中無礙；能夠接受愛。
好好愛爸爸、也愛媽媽。
當然，也要愛你自己。
祝福你。

然後我寫上他的名字，也簽上自己的名字。

他開心微笑地對我鞠躬說：「謝謝你。」
我站起來，拍拍他的肩膀說：「不用客氣。加油哦！」
媽媽也對著我微笑；話不多。
似乎一切都已經盡在不言中。

然後，我停下來看著媽媽與大兒子慢慢離開禮堂。
自己突然心想：「欸。他的二兒子呢？怎麼沒有帶來？」
後來，我想：「可能他的爸爸帶他出去了，也有可能她根本沒有第二個兒子。」

我自己突然失笑，繼續為在場的觀眾在新書上簽名。

08

停止聯盟，重建幸福

母女兩人變成了同聲同氣的連體嬰，共同生氣、共同進退，偶爾用哄、罵、騙的方式來拉攏大哥與大姊，以認同爸爸是壞人……

停止聯盟，重建幸福

我有一個家庭案例。

爸爸婚外情，媽媽好傷心；爸爸大方承認，媽媽驚訝否認；爸爸成天往外跑，媽媽每天在家哭。

兩人都無心治家。

貌合神離的夫妻關係，影響了每一個孩子的言行舉止。

大哥把自己的世界鎖進睡房裡，他的睡房才是他的家。

大姊什麼也不管，像爸爸一樣，每天往外跑。

爸爸曾在夜店揪她回家，並痛打一頓，大姊卻炮轟爸媽說：

「你們大人都不會管好你們自己，休想來管我！」

家裡只剩下小妹，唯一對媽媽的哭泣有反應的孩子——

她陪著媽媽哭泣、生氣爸爸、照顧媽媽。

這個家裡的爸爸、大哥、大姊都各自為政，小妹則與媽媽聯盟。

媽媽抓住小妹，小妹也依順媽媽。

甚至，他們互換角色——

小妹變成了「小媽媽」，媽媽變成了「小女兒」；兩人變成了同聲同氣的連體嬰，共同生氣、共同失落，也共同進退，偶爾用哄、罵、騙的方式來拉攏大哥與大姊，以認同爸爸是壞人。

媽媽對爸爸的恨意一直很想種植在孩子身上，卻只有小妹會全盤接受，這才是媽媽心中的好孩子！

家因聯盟而四分五裂

有一次，爸爸痛打媽媽，小妹決定報警，投訴家暴。事件揭發後，政府強迫爸爸和媽媽前來接受輔導。我正好接到這個家庭暴力案件。

首五次的輔導，我小心翼翼地處理夫妻關係。像一個技術師把他們的天線、收聽器給修理好，讓他們心中的話語有所出口、心中的傷疤有所出路，讓彼此都能夠感同身受。

第六次，我邀請他們全家一同前來輔導。三個孩子都很合作，都來了。

我讓爸爸先說話，讓他來引導這一次的家庭協談。

爸爸說他如何想要接近孩子的時候，小妹會插嘴說：

「哼！他哪裡有這樣？他有這樣就好嘍！」

「相信他，就死了！」

我看到小妹不停地攻擊爸爸。

感覺上，大哥與大姊雖然不喜歡爸爸，可是總不比小妹來得強烈。

我邀請每個人都站起來。

「現在，我想邀請爸爸雕塑他心中的家庭狀況，可能未必是你們看到的狀況。你們允許爸爸今天說出他心中看到的家庭畫面嗎？允許他今天有這樣的權利嗎？」

我說這話時，故意看著小妹，我非常清楚地知道爸爸在她心中的地位是最卑微的。

小妹勉強點點頭。

我一路陪著爸爸完成這個雕塑。

首先，爸爸邀請媽媽站在輔導室的中間，他把大女兒放在媽媽的後面，然後把大兒子放在室內的一個角落，然後再把小女兒放在媽媽的旁邊。

最後，他自己站在門邊，看著他的四位家人。

他對我點點頭。

我問他：「就是這樣嗎？你每一次回家的時候，就是這種感覺嗎？」

他對我點點頭。

望著這個雕塑，我停頓思考了一下，然後問他：「我可不可以再加些東西進去？」

他問：「加什麼？」

我說：「我加了，你就知道了。可以嗎？」

他點頭允許我。

我走向站在角落的大哥，給了他一張椅子，吩咐他坐下，望著外頭的窗口，不要看家人。

我走向站在媽媽後面的大姊，吩咐她把雙手伸出來，一手指責媽媽，另一手指責爸爸。

我走向站在媽媽旁邊的小妹，吩咐她一手搭著媽媽的肩膀，給媽媽支持，另一手指責爸爸。

同時我吩咐媽媽看著爸爸，一手抱著小女兒的腰部，另一手也指責爸爸。

最後，我回到爸爸身邊，吩咐爸爸轉身看著門口，不要看家人。

關係重建，聯盟瓦解

我對著媽媽、大姊、大哥還有小妹說：

「這樣的畫面是不是你們常在家裡感受到的？」

四個人不約而同地點頭。

望向窗口的大哥忍不住回頭望著我們，用力地點頭。

我看著爸爸，問他：「你是不是也覺得是這樣？」

他搖頭，說：「我其實是望著家裡的！」

我說：「好，那麼你轉過頭來，看著他們。」

當他轉身，看著四個家人時，我感受得到，這個家所有人的傷口終於在此時此刻浮現了——

媽媽在掉淚，大姊把雙手放下，大哥回頭望著爸爸。

我依然站在旁邊，問爸爸：「你現在覺得如何？」

他嘆氣看著四位家人說：「為什麼我們會走到這種地步？」

媽媽掉落在地的淚，更多了。

我問爸爸：「現在你想怎麼做？」

爸爸說：「我想靠近他們一些。」

我說；「你要不要在這裡做一個小小的冒險？你可以在這裡靠近他們。」

爸爸說：「不可能的，他們這麼討厭我。」

我說：「你不試一試，怎會知道？」

我隨後問媽媽：「媽媽，你可以讓爸爸靠近你一些嗎？」

媽媽一面點頭、一面流淚。

我想，太太最渴望的就是先生的靠近，她當然也為這個家走到這步田地而感到遺憾！

我陪著爸爸走到媽媽跟前，吩咐他慢慢地，一步一步，向前走去……

走到媽媽跟前時，爸爸張開了雙手，媽媽鬆開了小女兒的雙手，兩夫妻擁抱了起來！

一個痛打妻子的丈夫，竟然在這個時候擁抱了妻子，而妻子也擁抱了他……

這不是我預期的畫面！

可是，它竟然發生了。

爸爸在媽媽耳邊輕輕說了些話。
媽媽用力點頭，眼淚大如珍珠，一顆顆落下。

我不干涉。
大哥已經轉過身來，全神貫注地看著父母擁抱；大姊靜靜啜泣。
三個孩子都靜靜地看著相擁的父母。

我想，自懂事以來，他們或許沒有看過父母相愛的畫面。

聯盟後遺症，難以收拾

當所有人沉浸在這愛的能量中時，站在一旁的小妹突然說：
「那，我該怎樣？」
她大聲說：「這很假，這很假！」
我聽不明白！

我實在聽不明白這是什麼意思。

不是每個孩子都愛爸爸、愛媽媽，也希望父母相愛的嗎？

我亂了陣腳！我不曉得如何回應！

她受不了，快速打開門口，「碰！」的一聲，離開了輔導室。

她罵媽媽說：「媽媽，他做了這麼多壞事？你為什麼還要他？」

我唯有聽她繼續說：「我站在這裡，我該怎麼辦？」

我很難堪，即使最後邀請了小妹回到輔導室，我還是有些莫名其妙地，結束了這次的協談。

輔導過程雖然趨近完美，不過，依然存留瑕疵——

這個家，彷彿被劃上了無法解開的毒咒，無法讓所有家庭成員相親相愛。

那一天，我的思緒停留在困惑中：小妹到底怎麼啦？

後來的日子，夫妻雖然還是有些口角，但關係融洽多了。先生開始懂得送花、住飯店、為太太慶生——曾經僵硬且緊張的夫妻關係開始鬆動了。

可是，家裡的小妹卻開始憎恨媽媽，開始了她與媽媽的冷戰，不斷炮轟媽媽。

在一次輔導中，小妹炮轟媽媽：

「當初是你跟我說要一同背叛爸爸的。現在我恨透了爸爸，你竟然說要與爸爸和好如初?!」

小妹的咬牙切齒，讓我終於聽懂了……

停止聯盟，即停止傷害

讀者們，你知道什麼是「聯盟」嗎？

聯盟就是家中的一些成員組成小團體，連線對付某個他們所討厭的家人，而且持續對抗。

聯盟的好處是什麼？
好處就是你能夠在看法相同的成員身上得到共鳴、安慰，還有支持。

但壞處是什麼呢？
聯盟的壞處是，我們間接地教育了孩子如何去憎恨家人，而這會對孩子產生深遠的影響。

因此，我懇求你停止在家裡搞小團體。

請停止說服孩子相信他的爸爸或媽媽是個壞人。
請停止把你的受害情緒荼毒孩子。
請停止要孩子做夫妻之間的傳話人。
請不要把你的原生父母給你的生存伎倆傳給你的孩子，因為，那對小孩不但沒有幫助，反而是一種更深遠的傷害！

就像這個家庭後來的局面，恨意不只占據了小妹的心靈，也盤纏了她的整個生活，導致這個家不得不被另一波風浪淹沒，幸福的港口變得似近還遠……

小妹在這個家中不但得不到幸福，反而更傷了……
因為，聯盟往往不允許背叛，聯盟之後的背叛是更深且更重的傷害。

各位爸爸媽媽，您已經看到這其中的因果關係了嗎？
所以，您還忍心把孩子當成聯盟的工具嗎？
請三思。

09

從失落的關係裡，找回自己

「很多人對我說：『你們這些老公不要的女人，都是怪怪的。』這些話，讓我很難受……」

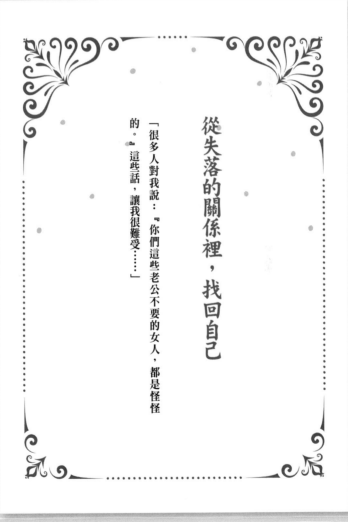

從失落的關係裡，找回自己

爸爸去世後，十三歲的我變成單親孩子。
媽媽除了養育我們，還要承擔經濟壓力，猶如一根蠟燭兩頭燒。
活在單親家庭的這份生命經驗、叛逆及痛楚，我依然歷歷在目。

因為曾經如此深刻地感受單親媽媽的悲慟及無助，所以我一直希望自己能夠成為單親媽媽的社會資源之一。

榮獲新加坡某家輔導中心的認可，我被邀請帶領單親媽媽成長團體，為期共六個月，我和大約二十位單親媽媽一同成長、一同學習。
她們之中，有些是寡婦，大部分則因婚姻破碎而離婚。

我依稀記得我們第一次的團體，是這樣發生的。

一開場，好幾位單親媽媽便開始發問。

我知道，她們是有備而來的。

「我的兒子不理我，該怎麼辦？」

「是不是單親家庭長大的孩子都會變壞？」

「我不知道如何告訴兒子『性』這件事？」

「是不是每個兒子都會討厭媽媽？」

「女兒跟媽媽的關係又是怎樣？」

……

我鼓勵她們，「謝謝你們如此踴躍發問。待會兒，我會雕塑一個單親家庭給你們看。

希望你們繼續分享，保有這樣熱烈的互動，非常好。」

坦白說，我愈來愈享受工作坊過程中的未知探索；往往不只參與者，包括我在內，也受益匪淺。

每當她們稱呼我「老師……」，我都會阻止她們，「叫我以量，我不是老師。你們才是我的老師。」

恨意深重，生活面貌遭扭曲

有一位單親媽媽，小燕，略胖，頭髮蓬鬆。她的分享，讓我留下深刻的印象。

當年，小燕的丈夫為了另一個女人而丟下她和兩個兒女。她無法承受被背叛、被遺棄的打擊，心中充滿挫折、羞愧，還有憤恨。

怒氣衝天的小燕把兩個孩子帶到頂樓，要把他們推下去，自己隨後跳！

聽到這裡，我心不禁抽搐。

我想，教她失去理智的，應該是她對丈夫深重的報復心態——

「我要你一輩子都後悔！」

就在面臨生命威脅，驚心動魄的這一刻，小兒子跪著哭著求小燕：

「媽媽，要死的不是我們，是他們！」

小兒子的話，猶如當頭棒喝，小燕頓醒過來。

觸目驚心的這一幕，在場的每一個學員都很用心聆聽。

小燕繼續分享——

她的大女兒今年十五歲，小兒子十一歲。

大女兒像天使，很窩心；小兒子像魔鬼，怎麼看都不順眼，像極了爸爸。

大女兒很聽話，小兒子不聽話，讓她非常操心。

有一天，小兒子對她大聲怒吼：

「你以為我很喜歡這個家呀？如果我有能力，我早就不會住在這裡了！」

這句話深深傷害了小燕，彷彿，她多年的付出是不被認同的。

她一聲不響，含淚跑出門，到海邊去，聽海浪拍打聲——

那永遠是安慰她最好的良藥。

小兒子見她深夜不回家，連忙打電話給她，說：

「我在家。媽，你回來。對不起。」

有哪個孩子不愛自己的媽媽？

只是大家都不懂得如何去愛，尤其，在我們都缺乏愛的時候。

小燕說到這裡，不斷地在團體中哭泣。

我誠懇地邀請她和我一同站起來。

我借她的家庭故事，雕塑一個單親家庭給在場的單親媽媽觀看。

落空的關係，灌滿負面情緒

小燕從學員當中挑出了三位學員，各自扮演她的丈夫、大女兒和小兒子。

我將不同顏色的布帶交給他們，每個人手中都有三條布帶，和其他三個家庭成員牽連著，如此組成一幅關係圖。

我在旁敘述說：「這個家，不單只有四個人；這個家，還有六條關係——一條夫妻關係、四條親子關係（父子、父女、母子及母女的關係），還有一條姊弟關係。簡單而言，家不是只有成員，還有關係。這些親密關係，在現實生活中，是無形的，且變化無常。」

有些媽媽聽得懂，點點頭；有些媽媽聽不懂，不過還是很努力地跟隨我的步伐，繼續上路。

然後我說：「單親媽媽們，你們的家都有一個共同點，就是家中的男主人，他缺席了……」

我吩咐爸爸放下他手中握住的三條關係線，然後轉身，站在門外，不要回頭。這個家，當下沒有了爸爸或丈夫，讓夫妻、父子、父女這三條關係，頓時落空了……

媽媽不停哭泣。

外圍的一些單親媽媽也開始掉淚了。

小燕看了看手中的那條夫妻線，也把那條布帶給丟掉，「我也不要了！」

我把它撿起，還給她，「你不要嗎？」

「我真的不要了。」小燕轉身，不要看我。

我追問她：「你現在心情如何？」

「我不要了。」

「生氣？」

「不是。」

「恨？」

「我不要了！」小燕大聲哭泣。

我允許她沒有辦法把心中的感受說出來。

只要，她能把心中最深的傷給哭出來，痛痛快快地哭出來。

我靜立於她身旁，讓她大聲哭泣。

媽媽走不出悲憤，孩子受害

幾分鐘後，我說：「好，我聽清楚了，你真的不要這段夫妻關係了。我現在去問你大女兒的感受，可以嗎？」

小燕點點頭。

我問扮演大女兒的學員，「你現在的心情怎樣？」

大女兒說：「與爸爸拉著的那條線，現在空空的，感覺好奇怪；與媽媽拉著的這條線，很緊，媽媽把我拉得很緊！」

我對在場所有的媽媽說：「你們要聽喔！這些都是孩子們很重要的內心聲音。不見得你們的孩子願意告訴你。她說得很好，跟爸爸的關係好像空了，可是跟媽媽的關係卻好像很緊。」

我跑去問扮演小兒子的學員說：「你現在的心情又怎樣？」小兒子的第一句話是：「是不是我不夠乖，所以爸爸媽媽才會離婚？」

這個分享真好，許多婚姻破碎家庭中的孩子都可能會這麼問自己，「今天家之所以這樣，是不是因為我？」

有些年齡小小的單親孩子窮其一生以為，自己是導致父母婚姻破碎的導火線。其實他們並不知道：他們改變大人世界的能力是如此的微弱。

這類孩子的自我價值觀，多多少少都被汙染了。

小燕一面哭泣、一面點頭，「我的小兒子也曾這樣問我。」落在地上的那條夫妻線，她看都不看，只是緊緊地握住和兒女的關係線。

我說：「看到這個家庭畫面，你的心情怎樣？」

「……」小燕還是無法告訴我她的心情。

不過，看到她的眼淚、看到她把夫妻關係線狠狠地丟掉，我想她當然既傷心又憎恨。
我問她：「每一次你有這種心情的時候，你都會在家裡做什麼？」
小燕說：「我在家裡對著大女兒哭泣，也常打小兒子。」

小燕的眼淚說出了悲傷，藤條則道出了憤怒。
眼淚在大女兒面前流下，大女兒被迫不斷地吸收悲傷。
藤條打在小兒子身上，小兒子則被迫不斷地吸收憤怒。
結果，兩個孩子在處理自己失去爸爸的悲傷之餘，還要同時活在媽媽的悲傷或憤怒的黑影底下，去替媽媽打抱不平，指責爸爸。

單親扛雙親角色，全家苦

我吩咐他們姊弟倆用手指著那個站在遠處的爸爸，我也叫小燕用手指著丈夫。

小燕放開我的手說：「我不要！」

她轉身，連看先生的臉孔都不要！

結果，這個家庭形成了另一種畫面：兩個孩子代替媽媽指責爸爸。

我對團體說：「兩個孩子代替媽媽罵爸爸，媽媽其實是在暗爽的！」

可是，這樣對孩子是不公平的……

孩子不需要承擔媽媽的悲傷，更不需要承擔媽媽對爸爸的恨意，因為，爸爸還是他們的爸爸。

我很慎重地對團體說：「**做不成夫妻，也要做父母。**」

小燕對我說：「如果他什麼都不要呢？」

我說：「如果他願意，要讓他繼續扮演父親的角色；可是當他不願意時，許多媽媽便會把落空的父子、父女關係也抓起來。

「結果，媽媽是媽媽，也是爸爸。在外工作賺錢，也在家教養孩子，一根蠟燭兩頭燒。試問，哪個單親媽媽受得了這樣的煎熬？」

團體中許多媽媽開始啜泣，因為心中的痛都被說中了。

社會眼光，形成二度傷害

小燕繼續說：「其實很多人都看不起我們這些單親媽媽。很多人對我說：『你們這些老公不要的女人，都是怪怪的。』這些話，讓我很難受。」

小燕哭了，不只她，團體裡頭的許多單親媽媽都哭了，不停地用手、手帕、紙巾，抹掉自己的辛酸淚。

我說：「我看到你受傷了。你多說一些。」

小燕說：「他們看不起我們。他們都說我們怪怪的。」

「所以你怎樣回應他們？」

「我會問他們：為什麼要這麼說？」

「他們的反應是什麼？」

「他們就是沒有辦法改變這樣的想法。」

「你的分享真好。我可以在這裡停一下嗎？我有一些話想對外圍的媽媽們說，可以嗎？」小燕點頭答應。

我站在團體中央，對每一位在座的媽媽說：

「我們的價值感常會被別人影響。很多人都說你們怪怪的，這些打擊的話，你們也一定聽過很多。這些話語就像一把把鋒利的刀，刺在你們的心上，血淋淋，導致你們也覺得自己很糟糕、很失敗，你們的價值感會愈來愈低……」

說到這裡，幾乎每個單親媽媽都在哭泣。

喜歡自己，有助減少受害情緒

可想而知，單親媽媽不只被丈夫傷害，還被自己的父母或手足、丈夫的父母或手足、宗教團體、同事們等二度傷害。

因此，我說：

「媽媽們，你要懂得愛惜自己、欣賞自己、尊敬自己。

「你沒有辦法讓每一個人都尊敬你，可是你愛惜自己嗎？你欣賞自己嗎？你尊敬自己嗎？你每天早上起來，看著鏡中的自己，喜歡自己嗎？」

有一位媽媽舉手。

我向她點頭，「很好！**如果你喜歡自己，你的受害情緒就不會這麼多。那麼你的孩子也不會受你波動的情緒影響。你不會把怒氣加害在孩子身上，孩子也不會把他們的怒氣加害在寵物或同學身上。**

「我不敢說你們一定可以把價值感給提高。可是，你們至少要愛惜自己、欣賞自己、尊敬自己。做為一個單親媽媽，沒有什麼好羞恥的。我其實最欣賞那些單親媽媽一手把孩子養大。我的媽媽就是一個過來人，辛辛苦苦把我養大，我心裡對她感恩不盡！

「所以，單親媽媽沒有什麼難以啟齒的。肯定你自己！肯定你自己。」

小燕說：「我不知道我可不可以做到。不過，我知道我那些方式，真的只是在傷害孩子。」

我點頭肯定，「是的。你要孩子為你感受悲傷，還有怒氣。這對孩子是不公平的。你今天在這裡處理你的生氣和你的悲傷，是一個很健康的管道。」

小燕說：「所以，我決定了，接下來，我會常來參加團體的。希望到時候，你不要嫌我麻煩。」

我說：「不會的。請你多加油。我想大家都會繼續支持你。」

我邀請一些單親媽媽志願前來和小燕這位單親媽媽擁抱。

結果，幾乎所有的單親媽媽陸陸續續地，彼此擁抱了，彼此流淚、歡笑。

看到如此感動的畫面，我不禁微笑，在心底裡稱讚自己，「以量，你好棒！」

那天，我們互動了三個小時。

第一次的成長團體就如此結束了。

結束前，有個媽媽問我：「有工程師做，為什麼你會放棄？」

我想了想，對她說：「如果我還繼續做工程師，就沒辦法站在這裡了。」

單親媽媽們聽後，有的笑了，有的為我鼓掌。

當晚回家後，我不斷地想起那位媽媽的問題。

如果時光可以倒流，我會在團體裡告訴單親媽媽們說：

「工程師是我媽媽要我做的。可是，她從來都不知道工程師原來也會貪汙、也要玩公司政治。如果我媽媽知道這樣的話，她一定希望我成為輔導員，那麼，我才能夠為更多的單親媽媽及孩子們做更多的事。她一定會為我感到非常驕傲……」

是的，我的媽媽，她在某個遠方，一定會為我感到驕傲……

10

還我力量與愛

「你背後有你的父母，還有你所有的祖先支持你、幫助你。還有最重要的是你自己一路走來，也不斷地支持自己、幫助自己。所以，前面的路，它可能是坎坷的，也可能是平順的……」

還我力量與愛

今天這一次，已經是我和二十多位單親媽媽第六次團體聚會了。

每次的工作坊，我都和她們一同探索她們與孩子的互動關係，提高她們對自尊的價值觀，讓她們瞭解自己的原生家庭如何影響她們的夫妻關係、親子關係。最重要的是：「我們的父母是如何在影響我們長大後的生命」。

我們都一同成長不少。

今天，小燕看起來有點憂鬱。不像前兩次那般神采飛揚。

如同往常，我們圍坐一圈，分享近期的生活點滴。

一位單親媽媽說：「小燕，你今天看起來不是很舒服。」

頭髮蓬鬆的小燕沒說什麼，只稍微點頭。

其他單親媽媽也開始加入分享——

甜酸苦辣、成長旅程，各種話題不斷充斥著此刻的空間。

沒有太多人留意到小燕今天的反常。

我安靜地留意團體的互動流程，也安靜地觀察小燕今天的舉止。

大約二十分鐘後，小燕仍是一句話也沒說，只是低著頭在嘆氣。

於是，我提出邀請。

「小燕，我好像聽到你在嘆氣？我不知道我有沒有聽錯。今天，我們所有人都說話了，可是，這個空間好像還少了你的聲音。不曉得你今天狀況如何，你願意分享嗎？」

小燕抬起頭，憂鬱地看著我：「怎麼說？」

過去小燕在團體裡分享時，經常時而手舞足蹈、時而長篇大論的，從沒聽過她有如此回應。

我對小燕說：「你試試看。我願意聽。」

小燕告訴我們：她的十一歲兒子又鬧事了——

昨晚，兒子用厚重的書包打十五歲的姊姊，再把一碗熱湯倒向媽媽的雙手，還使盡全身力氣發狂似的把餐桌上的菜餚全都甩在地上。

小燕說：「他好像整個人都瘋掉這樣……」

這位盡心竭力的單親媽媽小燕，徹底失望了。

「那你怎麼應對他突如其來的發瘋？」

小燕說：「我只有鞭打他，才能制伏他。」

我聽了，心裡抽動了一下，好像藤條也打在了我的心裡。

我說：「所以……你也好像整個人都瘋掉這樣……」

大家失聲笑了。

只有我們兩個沒笑。

我知道，小燕怒氣衝天的時候，是一發不可收拾的！

小燕不點頭，不笑，也沒生氣。

她很茫然，不知如何是好。

我問大家：「我們可不可以花些時間讓小燕成長自己、幫助孩子？」

大家點點頭。

我也問小燕：「你願不願意在這個空間裡，探索你的原生家庭？」

小燕點點頭。

內疚積累，角色愈艱難

我請小燕站在圈子中央，請她選一個參與者扮演她的父親，然後選另一名參與者扮演她的母親。

父母只需在她背後用手輕搭她的肩膀。

一家三口都面向我。

我對她說：「這樣，還可以嗎？你後面有一個爸爸、一個媽媽。」

她點頭。「還可以。」

接著，我請扮演父親和母親的學員，各挑其他參與者成為他們的父母。

同樣地，父母在他們背後用手搭上他們的肩膀。

於是，一家三代七個人都面向我。

然後，被挑選的每個「祖先」再各自尋找兩個人做自己的父母，每對父母的手搭著孩子的肩膀，最後在場所有的學員組成一支至少有三、四代的祖先群。

我對小燕說：「小燕，如果你準備好的話，請你走向前，然後轉身，看一看你背後的人。」

小燕轉身一看，站在她背後的全部都是她的祖先。那裡頭有父母、祖父母、外祖父母，還有許許多多的祖先。一代又一代的祖先，排列在她的眼前。

她睜大眼睛盯住那個畫面。

我問她：「你覺得怎樣？」

她沒說話，當場哭了，像個小女孩，大聲抽泣。

我允許她哭泣，不干擾她，安靜地看著她站在所有「祖先」面前哭泣，把內心的鬱悶、委屈統統哭出來！

雖然我不知道她為什麼哭泣。

過了五分鐘，她稍微平靜後，我問她：「小燕，我們還可以繼續嗎？」

小燕抹掉眼淚，看著我說：「可以。」

我一面問她、一面指著我自己的胸口說：「裡頭到底發生了什麼？」

她說：「我很想念媽媽！」

說了這一句話之後，她又繼續放聲大哭了。

有些「祖先」也跟著流淚。

我問：「媽媽發生了什麼事情？」

她說：「媽媽去世了。她去世前，還堅持要來我家看我。」

我聽到小燕的聲音裡頭有許多的內疚。

「那時候，我的丈夫虐待我——打我、用熱水淋我。我媽很擔心我。她病得很重，可是還是堅持要來我家顧我。」

聽到這裡，再一次證明我對小燕的兒子擁有偏差行為的假設是對的：

這個世上沒有壞小孩，只有受傷的小孩。

小孩擁有的非理性行為，或多或少都是從大人們身上學來的。

爸爸怎樣虐待媽媽，孩子就會以同樣的出發點來虐待他不喜歡的人們，甚至變本加厲。

我知道，哭得像小孩的小燕，是無法把這樣的理論假設聽進去的。

因此，我繼續問：「那你是不是每一次想起媽媽，都會覺得很內疚？」

小燕用力點頭。

我邀請她站在媽媽的跟前。「你有什麼話要告訴媽媽嗎？」

小燕想了很久，終於說出一句，「媽媽，對不起！」

扮演小燕媽媽的參與者主動抓起小燕的雙手，繼續給予支持。

小燕再說一次，「媽媽，對不起！」

她們倆的手握得更緊了。

內疚化成感謝，生活有力量

我請小燕走出來，並吩咐一名女性扮演小燕。

我要小燕扮演媽媽，做「角色對換」。

我吩咐扮演小燕的女性說：「媽媽，對不起！」

我要她不斷地說：「媽媽，對不起！」

我對著正在扮演媽媽的小燕問：

「媽媽啊，你聽到了嗎？你的女兒小燕一直覺得她對不起你、一直很虧欠。小燕一直很用心地照顧自己、照顧孩子，可是，她還是沒有辦法把這個家庭弄好。她總是感覺辜負了你。

「當她思念你的時候，她總是躲在家裡自己一個人偷偷哭泣。當她看到孩子，尤其是她的小兒子叛逆的時候，她更是覺得虧欠了你。

「小燕的媽媽啊，你有什麼話要對小燕說嗎？」

我的每一句話，都聽進了正在扮演媽媽的小燕耳裡。

她停了很久，眼球緩慢轉動。

我不急。我知道她的心靈在醞釀著答案，她一直是個很努力成長自己的人。

我等她自己找出答案。

然後，小燕邊撫摸「假小燕」的秀髮，邊說：

「你不用說對不起。你一直都很努力。不需要說對不起。媽媽不想看到你這麼傷心。」

「假小燕」可能也擁有同樣的渴望，不小心，自己也哭了出來。

我說：「好。我們角色對換回來。」
我請扮演媽媽的參與者回到原位，再請小燕繼續站在所有「祖先」的面前。
小燕很平靜地說：「媽媽對我說不要難過。她叫我不要難過。」
我說：「你聽到媽媽對你說什麼嗎？」
小燕很認真地看著這個畫面。
我說：「小燕，請你繼續看著這個畫面。」

我聽了，很感動。
我說：「對對對。就是這樣。媽媽不要你難過。**你難過的時候，沒有笑容，整個家裡的氣氛都是緊張、沉重的。試問有哪一個小孩長期受得了這種氣氛？**」

我一直深信大人們所打造的家庭氣氛，可以左右一個小孩的性格。

我繼續說：「小燕，媽媽叫你不要難過，你知道嗎？」
小燕點點頭說：「嗯。」
我繼續說：「好的。那麼，小燕，你可不可以給你的媽媽還有她後面的祖先一個鞠躬？謝謝他們。謝謝他們帶給你生命，把你帶到這個世界來經驗苦與樂。」

小燕點頭說：「可以。」

我請媽媽、還有媽媽後面所有的祖先閉上眼睛，接受小燕給他們的敬禮。

當小燕鞠躬時，我觀察到一些「祖先」流下了眼淚。

試問有哪一個長輩不渴望後輩的尊敬？

就像小燕，她也渴望兒子對她的尊敬。

所以，我要她先學習、還有先體驗如何尊敬她自己的長輩。

憎恨轉移，兒子受害

我對著小燕說：「那麼爸爸呢？你要給爸爸一個鞠躬嗎？」

她當場搖頭就說：「我不要！」

我感覺到一股很強烈的怒氣在小燕的身上。

我問：「為什麼？」

她說：「他是一個臭男人！我不要！」

這樣的一句話，讓我想起我第一次在這個工作坊見到小燕的時候，她看著那一條代表夫妻關係線的布條跌在地上時，也是如此說的：「我不要！我不要了！」

一個是她的丈夫，一個則是她的父親，兩個都是臭男人。

所以，我一點都不意外地看到她的兒子順理成章成了另一個新生代的臭男人。她每一次的分享都說：「我的兒子，愈來愈像他的爸爸。」

這一次我沒有放過她。

我要她正視她生命中兩個很重要的男人。

我請兩個參與者各別扮演他的丈夫和父親，並站在她的跟前。

只見她搖頭，大聲地說：「你叫這兩個男人滾開！」

她用命令的語氣吩咐我不要再做下去。

我當然不肯。

我問她：「小燕，**你在生氣什麼？**」

小燕像足一個法官，斬釘截鐵地指著父親和丈夫說：

「這個男人害死了我媽媽。這個男人也差點把我害死！」

「嗯，我聽到了。他們害死了你們母女倆。小燕，**你在生氣什麼？**」

小燕說：「這些男人是臭男人！他們連狗都不如！」

「嗯，我也聽到了。小燕，**你在生氣什麼？**」

小燕說：「他們不是男人。他們根本就沒盡一點男人的責任。」

我看著生氣的她，請另一個參與者扮演她的兒子。

然後，我叫她的兒子站在父親和外公的中間。

我問小燕：「小燕，看到你兒子的時候，你會不會常常想到這兩個男人？」

小燕說：「會。我常常問：為什麼我的兒子愈來愈像他的爸爸？」

「所以，你會不會把你對他們兩個人的怒氣都轉移在你兒子身上？」

我繼續說：

「所以，**你最想用藤條鞭打的不是你的兒子，而是你的丈夫、還有你的父親，是嗎？**

「所以，你不希望兒子成為你人生中的第三次失望。因此，你對兒子的要求就更高了，是不是？」

小燕語塞了。

一下子，無法回答我這麼尖銳的問題。

她也知道，自己不能再逃避我給她的挑戰。

傷害退回去，真愛還我心

她看著我，我看著她。

我問：「你覺得你和兒子現在的關係問題，是不是主要來自你和這兩個男人的關係？」

小燕若有所思，她問我：「那我該怎樣？」

我對小燕說：「你可以向他們鞠躬。感謝他們出現在你的生命當中，讓你活得這麼痛苦，卻又不斷提供機會讓你成長自己。」

小燕苦笑。

我對她說：「我和你一同給他們一個鞠躬，好嗎？」

小燕說：「我試試看。」

我站在她的身邊，說：

「來，我們一同感謝他們出現在你的生命裡。鞠躬的時候，我們在心裡默念：

「我現在把你以前給我的傷害，全部還給你，希望你能夠把我心中的力量和愛還給我。」

小燕說：「太長了。你再多說一次。」

我說：「沒關係。我們一同鞠躬，我大聲念給你聽。」

我和小燕一同向這兩個男人鞠躬。

我們一面鞠躬的時候，我慢慢地說出：

「我現在把你們以前給我的傷害，統統還給你們；我希望你們把我心中的力量給回我。」

小燕鞠躬完畢後，我問她：「你感覺如何？」

她說：「很奇怪。感覺很好。」

小燕是個完全沒有城府、直來直往的人，後面的「祖先」也失聲笑了。

我笑著對她說：「要不要再來一次？」

她說：「可以。」

我說：「現在，不只為這兩個男人鞠躬，也為你的爸爸後面所有的祖先鞠躬，可以嗎？感謝他們給你一個這麼特別的生命。」

她點點頭。

我說：「這一次鞠躬，就只有你自己做嘍！」

她也點點頭。

我看著她，慢慢地，慢慢地，把腰彎了下來，給大家一個很深很深的鞠躬。

我知道她心裡面也同時在念著那一段話。

當她站直之後，有些祖先忍不住鼓掌，有些則落下激動的眼淚。

我看到她的臉上盡是平靜。

我不再詢問她的感受，因為我知道她已感受到與父母及祖先連結後所帶來的寧靜。

相信自己可以

我對小燕說：「結束之前，你還有什麼話要說嗎？」

小燕看著我，「謝謝你，以量。謝謝你，你真是我的貴人。」

我對著她說：「哪裡！哪裡！你才是自己的貴人。」
我動了動腦筋，說：「我要做最後一件事情，可以嗎？」
她說：「可以。」

我找一個人扮演她的小兒子，也找一個人扮演她的大女兒。
我要他們兩個人牽著小燕的左右手。
我動用了在場的每一位參與者，都扮演小燕的家人。
所有的人都面向著我。

我對小燕說：
「小燕，你背後有你的父母，還有你所有的祖先支持你、幫助你。還有最重要的是你自己一路走來，也不斷地支持自己、幫助自己。
「所以，前面的路，它可能是坎坷的，也可能是平順的。現在我問你：
「你相信自己有信心和你的兩個兒女繼續走下去嗎？」

小燕看看後面，所有祖先都對她微笑，她也搖了搖她兩個兒女的手。
她看著我說：「我希望我可以。」

我說：「我問你相不相信，不是問你希不希望。」

大家都笑了。

她笑著對我說：「嗯。我相信我可以。」

「你可以說得大聲一點嗎？」

她再說一次：「嗯。我相信我可以。」

「嗯。很好。那，我們就在這裡結束嘍！」

小燕說：「嗯。謝謝大家。謝謝以量。」

所有的單親媽媽陸續地走向前和小燕擁抱，彷彿每一位在場的單親媽媽都上了一堂很寶貴的人生功課。

課程結束之後，我看到小燕十一歲的兒子在門口等著小燕。

我感受得到兒子對媽媽的關懷。

小燕第一眼看到兒子，就衝上前去，很用力地擁抱住了兒子。

她和兒子說了些什麼，我站得太遠，聽不到。

他們離開的時候，小燕回頭和我揮手，也叫他的兒子向我揮手。
我向他微笑，也揮手。
那是一個很可愛的小男孩。
看起來，一點也不像猛獸。

且讓我們一同祝福小燕，還有她的孩子。
也祝福所有的單親媽媽，還有她們的孩子。
祝福大家不斷成長自己，幫助孩子繼續成長。

11

洗吧，泥娃娃！

到底在我們的社會裡，有多少泥人家族，不斷地傷害他們的孩子，強迫他們變成泥人？難道在他們的家庭裡，「家庭傷害」才是正常的？

洗吧，泥娃娃！

有一本書，名為《別哭，泥娃娃》（*THE MUD PEOPLE*，繁體中文譯本目前絕版）。
書很薄，意義卻很深遠。
故事是這樣的：

在森林陰暗深處，住著一群人。
那裡，沒有陽光、沒有河流。
因為水源欠缺的緣故，他們用泥漿來洗刷自己的身體。
泥漿乾了之後，皮膚表層就有一層乾硬的泥垢。
用泥漿洗刷多年之後，他們都變成了烏黑的泥人。
家家戶戶都是泥人。
大家都覺得皮膚上有泥漿、有泥垢才是正常的，彷彿早就忘記自己本來的正常膚色。

洗吧，泥娃娃！

有一個泥娃娃，名叫凱拉。
和所有泥人一樣，她的身上覆滿一層層乾硬的泥垢。
她很受不了她的皮膚被一層層泥垢掩蓋著。
她想要洗滌身上的泥垢。

所以，她拒絕再用泥漿洗刷身體，她知道自己要的是什麼。
她寧願不洗澡。
家人極力反對。
偶爾，她還是會迷惑。
在媽媽的勸解之下，她還是會聽話，用泥漿洗刷身體。

有一次，她發現黑暗森林之外，有一條清澈小河。
但是父母在她很小的時候就不斷叮嚀說：那是泥人家族的禁地。
因為那閃耀的陽光會讓泥人燒焦，那清澈的水流會讓泥人融化。
所以，泥娃娃常躲在黑暗叢林裡，遙望小河、陽光、小鳥、樹木。

凱拉和其他泥人不同，她不願永遠退縮忍耐，她渴望除去身上的淤泥，得到全然的潔淨，於是她勇敢地進行一趟河流的旅行。
結果，一幕又一幕的生命成長故事揭開了……

這是作者蘭妮・麥坎納・馬克（Laney Mackenna Mark）以自己在家庭裡受虐的遭遇，寫成的身心復健的寓言故事。她以「泥人家族」比喻不健全的家庭；層層覆滿身體的汙泥，則是種種傷害與病態的對待。

藉由泥人女兒凱拉的一次神祕之河旅程，將生命中的事件再次重現，重新審視施虐與受虐者的心靈，進而由自我憎恨的烏雲裡走了出來，釋放自己，也原諒他人。

讀這本書的時候，我想起一位女士。

想起她在原生家庭裡所遭遇的受虐經驗，想起她如何從泥人家族裡頭跳出來，又如何讓自己重新建造另一個泥人家族，以致傷害不斷一代傳一代，然後，自怨、自艾、自憐。

眼淚與鼻涕，可洗滌心靈泥垢

我是在一次三天兩夜的生活營裡認識她的。

三十多歲的她個子略胖、矮小，說話聲很小。

沉默的她，上課時獨來獨往。

大部分的學員都不知道她在這個團體裡頭的存在。

最後一個晚上課程完畢後，她邀請我和她對話。

我其實已經很累了。

可是，看到她眼神流露出的急迫，我不忍心拒絕。

何況，一個說話聲這麼小的女學員，竟然鼓起勇氣要和我對話，心中必然歷經了幾番掙扎……

為了不干擾其他學員的休息，我們倆在一個離開營地不遠的小亭子坐下。

深夜裡，陪伴我們的是微亮泛黃的街燈，還有不間斷的蟲鳴聲。

坐在小石凳上，我問她：「你有什麼事情要和我說嗎？」

她依然很小聲，「有。」然後點頭。

「看來，這件事情一定困擾著你很久、很久了。」

她還沒說，眼淚就掉下來了。

直覺告訴我：那是一個很深層的祕密。

我問：「有沒有跟其他人說過？」

她說：「沒有。」

「這件事多久了？」

她說：「我很小的時候就發生了。」

「完全沒有一個人可以說出來？」

她說：「我不知道怎麼說。也不知道說了之後，別人怎麼看我。」

「那待會兒，你說了之後，你會擔心我怎麼看你嗎？」

她說：「一點。」

「嗯，那你為什麼打算說給我聽？」

她說：「因為，我不想再這樣了。我不希望我的生命不斷地被人侮辱……」

說到「侮辱」這兩字，她哭了。

「嗯。看起來，是有一個人、或者一些人一直在你的生命裡頭不斷侮辱你。是這樣嗎？」我問。

她點點頭，試著平復自己的心情。
可是，這是不可能平復的心情。
一個長期多年處於壓抑、捆綁的祕密，一旦找到宣洩的出口，那些複雜且陳年已久的負面情緒會排山倒海地湧出來——

她的眼淚、鼻涕一直流、一直流。

而我也始終相信：**流下眼淚、流下鼻涕，就是試著洗滌自己身上泥垢的方法之一。**
我對她說：「你願意告訴我嗎？我很樂意花這個時間和你走一小段你的人生道路。」

那是一個有關家庭性侵害的故事。
藏在她的心中，從未有出口。
今晚，她決定透過我，把它說出來，因為，她要成長，就像泥娃娃凱拉一樣。
成長的第一步是：需要說出來的勇氣。
她做到了。

接下來的對白，她是在抽泣之下完成的——

不斷地哭、抹眼淚、抹鼻涕。

她說話的聲音愈來愈大，語氣也愈來愈激動。

自我增值，改善命運

酗酒的爸爸對她性虐待。

她告訴媽媽。

正在煮飯的媽媽，轉身賞她一巴掌，「你這個賤女人！」

啪！那巴掌打在她十歲的心靈上。

那是她第一次被爸爸性虐待之後，被媽媽再次侮辱的經驗。

當時的她下體流血……

她完全不知道那是怎麼回事，只是一直哭、一直哭。

她的姊姊哭著抱她。

我並不驚訝，她的姊姊也遭受同樣際遇。

從此她真的像媽媽口中所說的「賤女人」一般，任由爸爸魚肉，沒有任何抵抗能力。

一次又一次的性侵害，就像一次又一次泥垢的遮蓋，完全摧毀了她生命裡頭的自我價值感。

姊姊離家出走，帶著她離開。

然而，曾經一度離開的她，知道媽媽不可以沒有她，也央不過媽媽的要求，於是，她重回泥人家庭，繼續做泥人女兒，讓泥漿玷汙身體、侮辱身心、糟蹋生命……

中學時期的她，刻意把身體弄得很胖、很醜，希望減少爸爸碰她身體的次數。偶爾還會在手腕上，恍恍惚惚地，用小刀片一刀一刀地往下割。

聽到這裡，我心很寒。

到底是一種怎樣的父母，可以讓這樣的事情發生？

到底這些父母以前的原生家庭，是怎樣運作的？是怎樣傷害他們的？

到底在我們的社會裡，有多少類似這樣的泥人家族，不斷地傷害他們的孩子，強迫他們變成泥人？

在黑暗森林裡的泥人家族，每一個成員都是以殘害彼此來求存的嗎？

難道在他們的家庭裡，「家庭傷害」才是正常的？

我心裡有很多問題盤旋著。

可是，我都把它們放在一旁。

我知道眼前哭得亂七八糟的她，需要大量的支持、大量的關愛。

我感謝她說出心裡壓抑已久且感羞恥的真實故事。

她一面說、一面哭，哭到缺氧、頭暈。

我不斷叮嚀她，「深呼吸……深呼吸……不要忘記深呼吸。很好。」

要把第一層的泥垢撥開是最困難的。

這是我能夠理解的，也能夠體諒的。

童年創傷就像一個高壓的悶燒鍋，長年累月被壓抑的內部空氣，不斷增壓。

一旦找到出口，空氣就會爭先恐後地釋放出來！

而釋放出來的那一剎那，是非常有爆發力的！

當她情緒稍微平靜後，我問：「你說完了之後，感覺怎樣？」

她說：「我很髒！我很討厭自己！」

我允許她這樣說。

我不反對，也不同意。

我知道她必須要把這些藏在內心很多年的自我價值感說出來，我們才可能繼續移動。

我繼續問：「謝謝你這麼誠實告訴我。你擁有『很髒、很討厭自己』的想法多久了？」

紙巾用完了，她依然用手抹掉那流不完的眼淚說：「很久了。」

「嗯。那你現在和我對話的時候，說著這些往事，你還會覺得自己很髒、很討厭自己嗎？」

「還有。」

「多嗎？」

「不比以前多。」

「你怎麼辦到的？」

「我不斷閱讀、不斷增進自己。我讀你們這些輔導員寫的文章，讓自己知道我不是唯一一個最可憐的人。」

「嗯。很好。這很好。你要多做。你結婚了嗎？」

「嗯。」

「那，我想這一連串在原生家庭裡發生的事情，一定影響到你現在的家庭嘍？」

「嗯。」她又開始哭了。「我的丈夫不愛我。他常打我。我們有孩子，孩子也是不聽話。」

不知道為什麼，泥人女孩通常會吸引另一個泥人男孩來結婚。

然後，會把泥漿一代傳一代。

為了停止這些歷代相傳的傷害繼續發生，我常鼓勵願意成長的父母們不斷改變自己、增值自己、肯定自己、愛惜自己。

更新視界，更新能量

我知道她沒有辦法說服她的先生也一同前來參加，我也沒有辦法在此改變她先生的想法。

因此，我把重點放在她的身上。

我問她：「嗯。看起來，那不純粹是上一代的事情了。這牽涉著這一代，還有下一代了。」

她點點頭。

「那，你該怎麼辦？」

她說：「所以，我才要找你談啊！我自己也不知道該怎麼辦？我就是一直不開心。」

「你真的要聽我的答案嗎？」

她說：「你說的，我都會聽。」

我說：「我說的，你都會遵循嗎？」

她說：「我不知道。至少我會試一試。」

經過這幾年多次的演說與工作坊經驗，**我發現，那些前來參加的父母最大的通病**

就是：

希望能夠學到一些如何改善親子關係的技巧，希望能夠學到一些如何讓孩子聽話的方法。

完全忘記了自己建造的家庭、還有夫妻彼此的原生家庭的整個來龍去脈。

結果一旦發生問題，就全推給技巧不足、方法不好，這是完全行不通的。

我們其實更要重視一個家庭背後的文化、不成文的規則、家庭氣氛、成員互動關係、脈絡，以及家族的經歷；還有自己的成長過程、自己對本身的看法、價值感。這些因素全部都要計算在內。

因此，近期我的答案愈來愈不含技巧或方法。

我知道，這些都行不通。

所以，我問她一句看似不相關的問題。

我用食指指向小亭子前方的馬路，問道：「你看到了什麼？」

雖然不知道我的動機，她依然很合作，說：「漆黑一片，我什麼也看不到。」

我繼續用食指指向前方的馬路，挑戰她，「你真的看到漆黑一片？」

她說：「是。我看到的是漆黑一片。」

我說：「我看到的不是這樣的。」

她問我：「怎麼說？」

我對她說：「我除了看到漆黑的夜晚，還看到一整排正在發著微亮泛黃的街燈。那些光，足夠照亮我們，讓我們兩個人能夠坐在這裡聊你的故事。除了這個，我還聽到那些不曾間斷的蟲鳴聲。很多時候，這些蟲鳴有安撫我們焦慮的作用。而我也知道這一條馬路，是通向海邊的道路。如果我願意繼續行走，我就可以看到寬闊的大海，也可以聽到海浪聲了。」

她點頭。

我繼續，「如果我願意明早再來這個地方坐下來，我眼前的畫面全部都不一樣了。那是一個太陽高照的亭子畫面了。同樣的空間，會因著不同的時間而改變我對它的看法。」

說完，我問她：「你同意嗎？」

她愣了一下。

我繼續再問：「你看到什麼？」

她望著前方說：「我好像不再看到漆黑的夜晚而已。我真的沒有察覺到這裡有至少六到七柱街燈。」

我再問：「不再看到漆黑的夜晚，感覺如何？」

她說：「好像空間寬了、想法寬了，想像的空間也大很多了。」

我很開心她明白我在暗示什麼。

我繼續解釋：

「我其實是用此時此刻的大自然資源，來形容你的內心。看起來，你的內心就像漆黑一片。不過，其實你擁有一些光亮，足夠讓你生存下來。

「其實你能夠活著，已經非常不簡單，已經非常值得驕傲。這麼多年的煎熬下來，你都願意活著，已經非常令人欽佩！

「如果你願意走下去的話，這條路，還是可以走出來的，甚至可以看到更寬闊的空間。你相信嗎？」

我深信所有過去的傷害，如果你願意持續成長，你便會愈來愈發現當初的創傷，不純粹是在傷害你，也不斷地在磨練你。

一旦你能感受那份創傷背後所帶來的厚禮，你的心中必會湧起無限感激。

聽我解釋後，她說：「這種感覺好好。」

「什麼感覺？」

「哭完之後，聽到你說的這番話，感覺好好。」

我連忙順下去，「是的，**要相信自己是值得被尊重的、被愛的。其實最重要的是你自己：你必須要學習尊重自己、愛你自己。**這才是你生命中最需要學習的。你同意嗎？」

她點點頭，「我會回去好好想一想你給我的東西。」

我說：「這就對了。要成長的話，你必須先調好你的頻率、心態、價值觀。技巧或者方法的知識，你慢慢學，也不急。」

接著我說：「好啦，我累啦。我們的對話可以停在這裡嗎？」

她連忙說：「對不起！對不起！我真的打擾你很多時間了。」

我說：「沒關係，如果我真的能夠幫助你，也算做了一件善事。」

她回應說：「謝謝你，以量。下次你再來，我請你吃東西。」

我說：「不用啦！下次我再來這裡的時候，希望看到一個更願意肯定自己的你。這段道路不容易行走，慢慢走。你難過的時候，肯定有我給你的祝福。你要記得今天晚上的這番對話。」

她點點頭，連忙向我道謝。

當我邀請她一同回營時，她說：「你先回去，我想到海邊走一走。」

我說：「好，你自己小心。我們明天早上見。」

我看著她越過馬路，走在沙灘上，慢慢消失在我的視線內。

雖然很累，不過我心裡好感動，也好感恩自己能夠成為一個助人者。

泥娃娃，你比誰都清楚：那一層又一層的泥垢不是這麼容易就能夠脫下的。

不過你要相信，無論如何，你的生命是值得擁有愛、希望和光亮的。

但願泥娃娃都能夠找到洗滌自己身心泥垢的一片寬闊大海。

祝福你，泥娃娃。深深地祝福你。

12

沒有壞小孩，只有受傷的小孩

他們夫妻倆剩下的共同話題，就只有小康了。如果小康沒有問題，他們就不會再溝通。所以小康一定要有問題，否則，家，就變成一個空殼子了……

沒有壞小孩，只有受傷的小孩

「我不是壞小孩。」

十三歲青少年，體型肥胖的他是獨生子。
他行為叛逆，偷竊、曠課，老師們三番兩次地投訴。
校方要媽媽務必帶孩子接受輔導服務，不然他們打算要他退學。
於是，三十多歲的媽媽帶他前來輔導中心接受輔導。

起初，我先與媽媽在輔導室內交談。
被弄得筋疲力竭的媽媽哭訴說：
「我累了，希望你可以把我的孩子教好。」

我告訴媽媽：「我沒辦法把你的孩子教好。但是，我可以協助你把你們的母子關係維繫好。」

我相信這世上沒有壞小孩，只有受傷的小孩。

窗外，我看見這個小男生不停地在門外敲門、敲玻璃窗、開門。
媽媽埋怨說：「他沒有一刻可以停下來。我不知道怎樣教導他！」
然而，我感受到的，卻是小男生心中一縷縷的焦慮——
他可能擔心媽媽在我面前給他的評價。

三十分鐘後，輪到這位「小魔王」與我交談。

我問他：「你猜我剛才和你的媽媽談些什麼？」

他玩弄著小指頭、搓著腳跟、望著地上，搖搖頭說：「不知道。」

他以為我是法官，是來判定他的生死的，所以完全封鎖內心。

拚命說的「不知道」，是最能保護自己的答案。

他的這類雕蟲小技，早就被我看穿。

我豈會輕易放棄？

於是繼續追問：「你猜呢？」

「我不知道。」他用很膽怯且顫抖的聲音做了同樣的回答。

而且，還偷瞄了我一下。

這兩次的回答，我完全感覺不到有任何的敵意。

我眼前這個雙眼晶瑩剔透的小男生，如此可愛、乖巧，怎麼有可能是老師心目中的小魔王、父母眼中無可救藥的壞男孩呢？

這，激起了我的好奇心。

每一次的第一次輔導面談，我都會簡單地做自我介紹以及輔導中心介紹、我所服務的範圍，還有我的名字。

「我叫以量——可以的以，力量的量。你呢？」

「我叫小康——小康之家的小康。」我喜歡如此瀟灑的回應。

我直接問他：「你知道你今天來這裡，是為了什麼嗎？」

「知道。」

「是什麼？」

「輔導嘍！」

「好嗎？」我問。

「不好。」他搖頭。

「嗯，是的。換做我是你的話，我也覺得不好，好像覺得自己有問題。我也不喜歡這樣的感覺。」

我試著先與他有初步的連結。

也試著說出他心裡真實的想法。

「是。是。是。」他猛點頭。

我要在開始的這一刻，讓他知道我不是來定他罪行的。

他似乎瞭解了一些，我確實不是他眼裡的訓育主任、爸爸、校長或警察。

我只是一名輔導員，一名想陪伴他度過難關的輔導員。

我婉轉地把主題拉回開場的問題。

我再問：「那麼，你猜剛才我和你媽媽談了些什麼？」

「說我壞嘍！」他開始願意與我說話了。「說我在學校的行為很過分、很不聽話。」

他很無奈地看著我。

「嗯。謝謝你告訴我這些，我知道這是很不容易的。」

當然嘍，哪一個小男生會願意在你面前赤裸裸地讓你看到他的瘡疤?!

輔導室裡的空間靜了好幾秒。

「嗯，告訴我，你真的這樣壞嗎？」我望著他那雙透亮的眼睛。

他連忙搖頭。

「那，可以告訴我，發生了什麼事，讓你這樣做了？」

話匣子打開了。

一個純真、無攻擊性的小男生，開始毫無保留地，讓我走入他的內心世界。

他的世界被父母、老師安排得好好的。

生活的字典裡頭只有「服從」兩個字。

所有家人都出外工作，從童年到現在，他唯有在家裡看著窗外發呆，那是他長期擁有的安靜時光。

近來，他在學校頻頻生事——

毆打同學、無理頂撞老師、拒絕被老師懲罰、逃學。

在家裡，他也頻頻頂撞母親、吵架。

唯有爸爸能夠把他鎮壓下來。

一天下午，正當他望著天空發呆時，母親投來一句責罵：

「還在那邊做什麼？還不快點給我讀書！」

他不知從哪兒生來的力量，異常生氣、發瘋了起來，打開窗口，站上窗框。
他一面嘶喊、一面威脅媽媽說：「你再吵，我就跳下去！」
說到這裡，小康的呼吸聲急促了起來。
看著坐在我面前的他，一個僅有十三歲的小孩，他的未來，實在令我擔心不已！

「我很想死！」

十三歲的小康想自殺。
他以為自殺可以解決難題。
我們第一次在輔導室裡見面，他低頭緩慢地告訴我「我很想死！」的時候，我不禁心酸。
這樣的一句話，怎該是一名十三歲的男孩說的?!
一個小小的心靈，竟有如此沉重的心情，顯見小康似乎已經被大部分的師長定罪——永遠是個壞小孩！
無論如何使出渾身解數、努力翻身，只要稍有差錯，他就會再失去父母對他的信任。

既然難以翻身，又何必苦苦經營生命?!

他一臉苦澀地說：「我晚上會失眠。」
我問：「爸爸媽媽知道嗎？」
「不知道。」
「失眠的時候，你會做什麼？」
「失眠的時候，我會發呆。」
「然後呢？」我問他。

他想了想，「盡量往好的看，不要看壞的。」
沉穩的語氣裡間接透露了他早熟的思維。
那不像是一個十三歲男孩該有的想法。

「可是，我有時候沖個涼就沒事了。」
我點點頭以示認同。
我還是比較喜歡這樣稚氣的答案。

「那麼，剛才，你不停地開門敲門的時候，你有看到媽媽的眼睛紅了嗎？」
他不好意思地點了點頭。
「你猜，她為什麼會哭？」

「因為我嘍！」頭又再次低下來，又做錯事了！

「嗯。是的，她受傷了。就像你一樣，她也很傷心。而且，她更擔心的是，你會想不開。她怕你會自殺。」

「……」

「你要繼續這樣嗎？」

他搖頭。

「那，你能怎樣？」

他嘆了一口氣，「我要聽話、不頂嘴、不打架。」

這麼熟練地說出來，一看就知道這個模範答案早已被訓練有素了。

我比較相信他嘆的那口氣，那才是比較貼近他內心的聲音。

我沒有稱讚他，反而拆穿他，「你真的可以做到嗎？」

他回答：「要給我一點時間。」

「多久？」

「一點時間。」

突然覺得這個孩子的ＩＱ和談判能力不遜色於大人。

懂得討價還價，一點也不簡單。

當然，這只是第一次會面，所以我試著放鬆點，不繼續追問。

「好，你的改變是為了誰呢？」

「媽媽。」

「你真的以為媽媽可以讓你改變嗎？」

「……」他沉默地看著我，因為他不明白我的用意。

「可不可以為自己？」

不管我的個案是大人或小孩，我都會告訴他們：

你要為自己的生命負責，這樣的生命走起來會比較有力量。

「……」他不是不明白，他正在思考。

「如果我說，是為了自己，你怎麼看？」

「……」他仍然很用心地在思考我的這個問題。

「你想看到自己高中的時候，別人還是這樣看死你嗎？」

他拚命搖頭。

「所以，這一次見面後，我們可不可以一同做些改變你的事情？」

他點點頭。

我想他這一次是在似懂非懂之下點點頭了。

也好，至少不純是為了媽媽而改善。

我給了他一份功課。

這是七天的功課。

我畫了一個表格給他——十四天內，他自己任選七天。

「臨睡前，你必須記錄當天吵架或打架的次數。如果你犯錯的紀錄是零的話，你就去照鏡子，大聲說：『看，我多麼厲害！』」

他笑了一笑。

我的這個功課，可能讓他覺得我很白痴。
其實，我才不白痴呢！
我想讓他學習如何肯定自己。
他早晚起來刷牙，看到鏡子中的自己，都會無意識地為自己打打氣。

「我們今天的談話快要結束嘍！」我告訴他，「小康，今天你告訴我所有的事情、所有的祕密，我答應你，我不會告訴你的家人。尤其是媽媽，如果她問我的話，我會叫她直接問你。好嗎？」
「好！」他開心地點點頭。

「如果她問你的時候，你可以自己決定：什麼事情想告訴她，什麼事情不告訴她，好嗎？」
「好。」
我把小指頭伸出來，示意與他勾勾手指，以承諾保密。

「那麼，你還願意下次來這裡跟我聊天嗎？」
雖然我已經與媽媽敲定下一次的面談時間了，可是，我還是要尊重小男孩的決定。
「嗯。好。」他滿意地點點頭。
「那麼，我們就在兩個禮拜後的同樣時間、同樣地點見面嘍！」
「好的。」

我微笑地與他握握手，問他：「你覺得今天的談話，怎樣？」
「還好。」
「我呢，你又覺得我怎樣？」
「你不像大人。」
我愣了一下。
當我明白了他的意思後，我們互相笑了起來，笑那大人世界的現實與殘酷……

爸爸不講話，媽媽不講理

小康的爸爸是一名飯店餐廳的廚師。
早上，他在家裡休息，中午開始便工作到晚上十一點。
爸爸每天工作回家，累了，就只顧著睡覺。
每個月可以與小康交談的時間真的非常少。
小康的媽媽是一名書記。
過著朝九晚五的生活，能夠與爸爸互動的時間、空間也非常有限。
媽媽下班回家，一大堆家務等著處理。

媽媽給小康的「不准」條規琳瑯滿目。

譬如：不准看電視節目、不准出去與鄰居小孩一起玩耍、不准蹺腳、不准吃飯有聲音等等。

媽媽嘴邊常掛住的一句話是，「你今天的功課做好了沒有？」

媽媽也用心良苦，每晚務必要小康在廚房裡閱讀書本，讓她可以繼續做家務。

看來，在媽媽的心中，小康的功課比小康的心情更為重要。

小康告訴我：「爸爸在家裡是不說話的。」

他也說：「媽媽在家裡是不講理的。」

我的解讀是，出於某種原因，爸爸慢慢地變成了這個家庭的局外人；與此同時，在媽媽心中，爸爸的冷漠無形中釀就了大量的焦慮。

媽媽愈焦慮，爸爸就愈冷漠，夫妻關係便愈加疏離。

這樣的夫妻關係會否影響小康的行為？

我的答案是肯定的。

擁有疏離夫妻關係的媽媽們，通常會把全副注意力放在下一代孩子的養育上。

換句話說，這個家庭上演的「媽媽角色」戲分愈多，「太太角色」的需求便會愈來愈少。

小康也在無形中搖身一變，成了媽媽的「小愛人」，在被捲入婚姻破裂前兆的緊張關係裡，「協助」減弱他們夫妻倆之間的焦慮。

他別無選擇地變成了一定要滿足媽媽所有期待的乖孩子，即使媽媽的有些要求是無理的。

譬如，小康喜歡踢足球，媽媽偏不讓他在外踢足球，說是不安全。

他喜歡玩電動汽車，爸爸送給他；可是媽媽接到老師打來的投訴電話後，就把它給沒收了。

他喜歡看晚上九點的電視節目，媽媽說她要看新聞，要他快點睡覺去。

他喜歡玩電腦遊戲，媽媽說全校成績名次要排行在十名以內，才可以一個禮拜玩三個小時。

小時候，有好幾次，當他很開心地獨自玩耍時，媽媽會發瘋地沒收他的玩具，然後責問他：「為什麼你這麼開心？」

我從零零碎碎的分享片斷裡頭解讀到：

媽媽希望孩子可以瞭解她的處境。

媽媽希望孩子能夠分擔她的焦慮。
媽媽希望孩子是她在家裡的慰藉。
媽媽希望孩子可以永遠陪伴她。

可是，媽媽忘了，小康不是她的丈夫，更不是她的小情人。
小康只是一個十三歲的孩子。

十三歲的孩子，真正需要的是什麼？
很簡單，他只需要爸爸的愛、媽媽的愛，更希望爸爸媽媽彼此相愛。

可是，爸爸媽媽不但不相愛，爸爸在他心中還是缺席的，媽媽則想盡辦法拚命控制他。

漸漸地，小康成了被捲入破裂婚姻的代罪羔羊，心中積累了許多的不滿。

於是，小康在學校裡很輕易便表現偏差行為、注意力不集中、頻頻滋事；在家裡，他也開始緊閉雙唇，沉默、發呆、與自己獨處，不想與母親多說什麼。

他自己不知道，其實他仿照了爸爸的沉默，學習爸爸在這個家裡求存的方式。

此外，小康也告訴我，「老師每一次都希望我們的成績再好一點。成績稍微退步一點，老師就會在全班同學面前拿起手機打電話問候父母，進而奚落我們，讓我們受盡難堪。」

別說小康害怕，如果老師如此對待我，我也會怕。

結果回家後，媽媽二話不說，就鞭打了他，並在爸爸面前數落他的不是。

其實這樣的數落，我心裡看得很清楚——

他們夫妻倆剩下的共同話題，就只有「小康」了。

如果小康沒有問題，他們就不會再溝通。

所以小康一定要有問題，否則，家，就變成一個空殼子了。

因此，媽媽為何常要挑剔小康的缺點，那是可以理解的。

可是，**媽媽忘了，小康在這封閉的家庭互動裡，已經傷痕累累了。**

我認為小康不可以再成為這段婚姻的代罪羔羊。

父母的心情，就像遊樂場的雲霄飛車，起伏不定；父母的脾氣，就像天空的雲朵，捉摸不定。

他告訴我，「我沒有辦法讓他們都開心。」

這樣的話，我都聽在心裡——

自己受傷了，還希望父母開心。

不為什麼，只因小康愛爸爸，也愛媽媽。

其實，憤怒的他，內心是害怕的。

他害怕那委屈求全的心情會像雪球滾動一樣，愈滾愈大，讓他自己負荷不來。

他說：「我有時候好像要瘋掉！」

我看到事情的嚴重性，因此，我想邀請小康的爸爸和媽媽一同來接受輔導。

可是，他們會同意嗎？

尤其是小康的爸爸，他會來嗎？

無論如何，我會思索如何說服他的父母接受輔導，唯有這樣，我才能更有效地幫助小康。

「我想抱抱媽媽。」

與小康多次的個別輔導後，我發現小康的父母需要重新建立他們的婚姻關係，否則，小康的偏差行為問題將會無法解決。

一般傳統的輔導治療會把類似小康的問題少年，當作單一個體來看待。然後，輔導員會想盡以個人為中心的解決方法，來協助這些問題少年。最常見的是以改變小康的偏差行為著手。

由於我學的是家族治療，我非常同意已故的家族治療大師薩提爾（Virginia Satir）所強調的：

在一個家庭系統中，所發生的任何事情都是所有成員參與促成的。每一個成員的「參與」或「不參與」都會導致某一種結果。

同時，家族治療策略學派的靈魂人物傑・海利（Dr. Jay Haley）早在一九七一年曾說：

「我們不該再把問題或症狀，看作是從一個有問題或有病的人身上發生出來的。取而代之的是，我們可以將這種失調的行為視為雙重（Dyadic，例如母子）或三重（Triadic，例如父母與小孩之間）關係的產物。**一個被認定的病人，其實只說明了其家庭的不平衡狀態。**」

因此，在小康的家庭系統中，小康不應該單方面受到指責。每個家庭成員都有某種程度上的責任。

小康的偏差行為，只是說明了他的家庭已經失去保護成員的狀態。

問題的出現不是要「誰受責備」，而是要為失調的事情，重新調整互動、改變作息、鞏固關係，如此一來，才能進而迎接下一次的家庭挑戰。

當我打電話邀請小康的父母出席我們的輔導會談時，小康的媽媽非常認同我的說法，她願意極力配合。

可是，小康的爸爸每一次都以「沒有時間」、「工作太忙」等藉口來逃避問題。

坦白說，我對於問題少年的爸爸們都不太敢寄予厚望。

這些爸爸們在家裡往往都是缺席的，**其實他們不知道他們的「不參與」，也正在影響孩子們的行為與自我價值。**

後來幾次的母子輔導，我見識到小康與媽媽僵硬、不妥協的互動。

雙方對峙得像兩隻鬥雞，勢不兩立，彼此都不想敗給對方。

媽媽對小康說：「只要你聽話，什麼都可以！」

小康反駁，「你說話都不算話，騙人的！我為什麼要聽你的話？」

媽媽吵著對我說：「你看，你看！他永遠都不會聽話！」

媽媽似乎要拉攏我同意她對小康根深柢固的看法：小康是個壞小孩。

但我非常明白自己的角色與責任，我不會輕易地捲入他們兩人的僵硬互動中，那是非對錯的遊戲。

我不是媽媽的丈夫，也不是小康的爸爸。

我是一個輔導員，我很清楚我的角色界限，假若我同意了其中一方的論調，我便會拋棄另一方。

所以我必須要沉得住氣，繼續與他們連結，繼續在他們的互動裡找到希望。

好幾次的面談，我們都沒有看到任何的進展。

母子完美的吵架配套，就像一具不會停下來而拚命跳針的唱機，不斷地在重複那令人難受的旋律。

可是，我堅持繼續碰觸他們的需求、他們的渴望，提供一個空間，讓他們可以敞開胸懷說真話。

有一次，兩個人的持續吵架，在輔導室裡耗費了許多能量，雙方都沉默不語。
我一如往常地問小康，「你現在心中最想對媽媽說些什麼？」
小康想了一下，嘆口氣說：「其實我想要媽媽看著我的眼睛。」

對於這樣突如其來的答案，我追問：「為什麼是這個答案？」
他再說一次，「我要媽媽看著我的眼睛。」
他不願回答我，我也不追問。
我轉過身，問媽媽：「你願意嗎？」
媽媽想了下，說：「嗯。可以。」

於是，我請他倆稍微移動位置，直到兩人互望——
媽媽很認真地看著孩子的眼睛，孩子也很認真地看著媽媽的眼睛。
一個出其不意地，小康伸出了右手，摸了摸媽媽的頭，說：
「嗯。很好。很聽話。乖。」

看見調皮的小康如此舉動，我噗嗤笑了。
小康這不按牌理出牌的舉動，讓我暗自拍案叫絕！
媽媽知道自己被耍了，連忙把小康的右手推掉，可是媽媽也失笑了。

小康連忙張開雙手，說：「我想抱抱媽媽。」

媽媽立即說：「我不要。」

媽媽一面把手推開、一面顯露滿臉的笑容。

突然間，我們三人都笑出來了！

直到我確認小康已經躺在媽媽的懷抱裡，我才離開輔導室。

我想讓他們獨自享有幾分鐘的擁抱、接觸與親密對話。

再回到輔導室時，我已經可以感受終於再被啟動的愛的能量。

趁這難得的機會，我與他們倆分享了我對剛才那一幕的感動，並鼓勵他們別老是停留在「我對你錯」的溝通狀態裡頭。

偶爾也應當靠近對方、關心對方……

我稱讚媽媽這一次做得很棒，小康更棒！

好幾次的輔導後，母子緊張、僵硬的關係愈見軟化，彼此也愈能貼近對方。

我的直覺告訴我：這一趟，爸爸不得不來了，因為，小康與媽媽的關係和好後，爸爸就會立刻被孤立了。

爸爸的婚姻關係本來就已經一團糟。

如今，父子關係也開始有問題了。

我猜，他一定會對我感到好奇，他必定想知道我到底做了些什麼手腳。

我非常興奮地期待他們全家一同來與我互動，真的希望小康的家族輔導快點開始上路。

小康，加油！

還有，我也要加油！

愛，是唯一出路

小康與媽媽的關係愈見連結，小康的偏差行為便相對地減少了許多。

身為輔導員的我，知道這樣的變化會讓小康的爸爸非常不安。

果然不出所料，小康的爸爸終於出現在輔導中心裡。
我伸出右手與他握手，表示歡迎他的參與。
他彬彬有禮、略胖，這一點，小康倒是有點像爸爸。

小康的爸爸在經濟低迷的生活裡，有著許多說不出的男性競爭壓力。
他話雖不多，但明顯地，覺得教養孩子是太太的責任。

小康的媽媽是職業女性，除了工作以外，還要兼顧家裡的瑣碎事務。
嘮叨之餘，顯得異常疲累，也時常掛著一張苦瓜臉。

小康今天有點怪怪的，顯得特別拘束。
我的解讀是：他除了不習慣爸爸的出席外，內心裡，可能也是敬畏爸爸的。

媽媽對小康的要求嚴格、趨向完美。

由於小康無法滿足她過高的期望，處於叛逆期的他，便忍不住向媽媽施以暴力，以示抗議；也曾兩度想跳樓自盡。

如今，只要一旦媽媽管不了的問題，爸爸就會用鞭打來鎮壓孩子。

長久下來，媽媽耗盡體力，爸爸覺得自己很無能。

男孩百思費解，為何爸媽要如此加壓在他身上？

為了保護自己，他只懂得一味抗爭到底；為了努力證明自己長大了，他需要為自己辯護。

今天，媽媽又再次指責小康，數落他上個禮拜犯錯的事情如何讓她失望。

我非常瞭解：這是媽媽在家裡扮演得最好的角色。

若是往常，小康一定會與媽媽抗爭到底，可是，今天的互動不一樣了。

小康在害怕爸爸的權威之下，連聲道歉。

我看情況不對勁，連忙阻止小康與父母重複「對與錯」的遊戲。

我緩慢地對著小康說：「以量願意在這裡聽一聽你內心真正的聲音，你願意告訴我嗎？」

小康看著我，哭了。

可是又不允許自己哭，所以便拚命用手拍打自己的胸口，大口大口地吸氣。

我眼前的這名少年受了太多成人世界的委屈。

他後來的放聲大哭裡，我聽到的，全是渴望被愛與被尊重的吶喊。

媽媽看到小康如此號哭，自己也不禁軟化了下來。

在引導之下，媽媽娓娓述說自己面對的恐懼。

其實，她擔心她愈來愈像自己的媽媽，養了一個沒有用的兒子。

她的小弟是一個嗜賭如命又不顧家的男人。

她非常不希望自己教出的孩子像她的小弟一樣，拖累家庭。

所以，無論犧牲多大，她都要把唯一的兒子教好。

做為大女兒的她，也因為活在重男輕女的家庭中，雖扛著重擔，卻無人給予關懷。

說著說著，她淚盈滿眶——做太太、做媽媽、做女兒，她都身心俱疲。

不善表達的爸爸低著頭，沉默不語，默讀傷悲。
我希望他也能參與對話。所以我問一句，他答一句。

爸爸從小就過著放牛般的生活——父母不多管教，也不多過問。

他從小就沒有太多與父母親密接觸的經驗。
所以，雖然很想靠近小康，可是卻不曉得該如何踏出那第一步。
當孩子犯錯時，他覺得做爸爸的，應該要負起鞭打的責任——
他不希望小康變壞。

爸爸分享不多，可卻掉下了幾滴淚，他很是不好意思地，連忙擦掉。
但對小康而言，那是很重要的真情流露。

三人的坦誠分享把我們深深地連結了起來。
這份正面的能量相信還可以繼續旋轉、延伸。

我發現小康的身體語言完全傾向父母的方向，他專注傾聽，也坦承這是他從未見過的父母。

他紅著鼻子對我說：「如果他們在家裡也是這樣，那該多好啊！」

我微笑地點頭，同意他所說的。

一臉指責的妻子配上一臉不屑的丈夫，一臉憂傷的媽媽再配上一臉無助的爸爸，試問有哪一個孩子喜歡接近呢？

沒有人，希望被貼上「叛逆不孝子」的標籤；也沒有人，會拒絕在溫暖的家庭中長大。

我一直堅信：**愛才是唯一出路！**

一個成熟的家庭不會太在乎對與錯的層次問題，而是在乎、覺察那錯的過程裡，哪些成員受傷了，哪些成員需要被愛、被尊重、被信任！

愛裡頭沒有對與錯、是與非。

如果心中有愛，孝或不孝、叛逆或不叛逆，已經不重要。

因為那關係裡頭，已經得到諒解及尊重。

感謝小康爸爸的出席，讓這個家庭的互動產生了新的變化……

站在輔導室門口，看著他們三人緩緩離開的背影，我感覺得到，那同行的腳步裡頭，有愛、有關懷！

「謝謝你，幫助我。」

我和小康及他父母的輔導，在大約一年多後，就結案了。

從想跳樓自殺到用心讀書；從母子關係惡劣到彼此瞭解；從父母關係分裂，到現在每個禮拜日，父母定時帶他去做晨間運動——我總感覺我與小康在彼此的生命中，共同攀越過了一座很艱難、曲折的山嶺。

結案了三年。

小康在我去年生日時，寄來了一張卡片給我。
雖然只有簡單俐落的幾個字：

「謝謝你，幫助我。」

我卻覺得，這是非常有保留價值的一張生日卡。

那一年，他從媽媽口中知道我雙眼的視網膜出了狀況，而我決定休假半年，因此，他打電話給我，想約我共用午餐。

將近十七歲的他，當天穿著一件紅色的運動服，和一雙很酷的球鞋。
我看見他長高了，臉色也較好看了，笑容也多了。

我們倆坐在一家泰國餐廳裡，分享彼此這幾年的生活點滴。
他告訴我，他後來如何面對中學畢業大考，如何辛苦地熬過。
我們一同回顧述說他那一段混亂、苦痛的日子。
對於現在，他淡淡地說：「還可以。」

小康告訴我，和他最親的外婆，半年前去世了。
其實我早就從小康的媽媽那兒，知道他對外婆離世的不捨。
他的媽媽曾經打電話問我：
「他在學校不斷地哭，拚命打電話給我，該怎麼辦？」
可是，我還是願意聽聽他自己對生離死別的獨特詮釋。

他還告訴我，媽媽近來有帶他去老人院服務，學習如何幫助其他不幸的老人。
我也從媽媽那兒聽說，他還把自己的積蓄都捐給了老人院。
媽媽透過電話說這些給我聽的時候，語氣裡有按捺不住的歡欣。

小康說，他希望自己快點長到二十五歲。
雖然他不知道二十五歲時可以做些什麼。
可是他就是希望自己能夠快一點長大。
這樣的氣氛、這樣的對話，有點像電影後段要結束的情景。

我付帳時，一共六百多塊（臺幣），他連忙拿出錢包說他要付錢。

我推開他的錢包，笑著說：「等你長大後，就輪到你付錢。」

他對我說：「我長大後，你可能都不在了。」

「如果是這樣的話，以後你看到哪個小孩有需要，你就幫助他們。然後，請他們吃午餐嘍！」

同樣的一句話，其實以前一位臺灣老菩薩幫助我的時候，也曾如此對我說過。

如今，能夠對小康說這句話，的確意義非凡。

用完午餐後，我們倆各自前往不同地方。

當我們一同乘搭捷運的時候，他突然冒出一句，「對不起，以量，我沒有什麼東西可以送你。」

我看著他那不好意思的眼神，對他說：「我看到現在的你能夠如此勇於表達自己，幫助老人家，和爸爸、媽媽這麼談得來，那就是你送給我最大的禮物了。」

捷運門打開了，我對小康說：「You take care.」（保重。）

「我會的。一路順風。」他微笑著說。

我回以一個微笑，就離開了。

而捷運繼續載他往他家的方向行駛。

我知道我可能再也不會聯絡小康。

可是，我們在彼此的生命裡，都留給了對方一個很感恩的位置。

他感謝我在他的生命中出現，幫助了他。

我則感謝他在我的生命中出現，讓我再次找到自己存在的價值與意義。

在輔導旅途中，是這些少年們一次又一次地告訴我：

無論生命多艱難，都要無畏懼地走下去。

到底誰才是老師，我們都分不清楚了。

一部電影結束了，意謂著另一部電影正要開始……

走出捷運站，抬頭，那一望無際的蔚藍天空，正是我當下寬宏欣慰的心情吶！

繼續加油吧，以量。

我但願自己就像故事中的那個年輕人，
不斷地拾起形形色色的小魚，拋回海裡去，
讓一條又一條的小魚游回到大海的懷抱裡。

在我生命中，我定義了這樣的自己。

【後記】

愛比恨容易

我沒有忘記為這本書寫下第一篇文章的時候，
我正處於人生能量非常低落的狀態。
那是，我持續生病長達九個月。
被迫停薪留職、回去老家養病。
耳鳴、失眠、發冷、盜汗、頭痛、臉腫；
家人們看在眼裡，急在心裡。

傷心比開心容易；

允許自己
選擇愛

埋怨比承受容易；
逃避比面對容易；
在家裡養病的日子，我經歷了另一個人生黑暗期。

我清楚瞭解自己的傲性：
即使我處於黑暗，也要自己守住「生命是光也是愛」的體會。

這段養病的日子裡，我常到油棕園去散步。
一個傍晚，回到門前。
站在那兒，看著自己的家，許久。
感觸良多。

我從來沒有如此認真地看著自己的家。
一個從小孕育我的家。
一個從小讓我嘗過所有甜酸苦辣的家。

以前我多麼想要快點離開這裡，
現在它竟然屹立在這兒，等我回來療傷。
剎那中，我很感恩。
原來我的家，也有充滿溫情的一面。
為何當初我只看到恨與傷害？

我決定在本書出版之後，送給每位家人一本《允許自己選擇愛》，
藉此告訴他們，我是多麼感恩他們在我的生命中存在過……

把愛帶回家。永永遠遠。
因為，愛比恨容易多了。

國家圖書館預行編目資料

允許自己選擇愛／馮以量著. --初版. --臺北市：寶瓶文化事業股份有限公司, 2021.1,
面； 公分. --(Vision；206)
ISBN 978-986-406-213-3(平裝)
1.家庭輔導 2.家庭關係 3.親子關係

544.186 109021561

Vision 206

允許自己選擇愛

作者／馮以量

發行人／張寶琴
社長兼總編輯／朱亞君
副總編輯／張純玲
資深編輯／丁慧瑋　編輯／林婕伃
美術主編／林慧雯
校對／丁慧瑋・林俶萍・劉素芬・馮以量
營銷部主任／林歆婕　業務專員／林裕翔　企劃專員／李祉萱
財務／莊玉萍
出版者／寶瓶文化事業股份有限公司
地址／台北市110信義區基隆路一段180號8樓
電話／(02)27494988　傳真／(02)27495072
郵政劃撥／19446403　寶瓶文化事業股份有限公司
印刷廠／世和印製企業有限公司
總經銷／大和書報圖書股份有限公司　電話／(02)89902588
地址／新北市新莊區五工五路2號　傳真／(02)22997900
E-mail／aquarius@udngroup.com

著作完成日期／二〇〇八年
初版一刷日期／二〇二一年一月二十七日
初版四刷+日期／二〇二四年二月一日
ISBN／978-986-406-213-3
定價／三二〇元

AQUARIUS 寶瓶 文化事業

愛書人卡

感謝您熱心的為我們填寫，
對您的意見，我們會認真的加以參考，
希望寶瓶文化推出的每一本書，都能得到您的肯定與永遠的支持。

系列：Vision 206　**書名：允許自己選擇愛**

1.姓名：＿＿＿＿＿＿＿＿　性別：□男　□女

2.生日：＿＿年＿＿月＿＿日

3.教育程度：□大學以上　□大學　□專科　□高中、高職　□高中職以下

4.職業：＿＿＿＿＿＿＿＿

5.聯絡地址：＿＿＿＿＿＿＿＿＿＿＿＿＿＿＿＿＿＿＿＿

聯絡電話：＿＿＿＿＿＿＿＿　手機：＿＿＿＿＿＿＿＿

6.E-mail信箱：＿＿＿＿＿＿＿＿＿＿＿＿＿＿

□同意　□不同意　免費獲得寶瓶文化叢書訊息

7.購買日期：＿＿年＿＿月＿＿日

8.您得知本書的管道：□報紙／雜誌　□電視／電台　□親友介紹　□逛書店　□網路

□傳單／海報　□廣告　□其他

9.您在哪裡買到本書：□書店，店名＿＿＿＿＿＿　□劃撥　□現場活動　□贈書

□網路購書，網站名稱：＿＿＿＿＿＿＿　□其他＿＿＿＿＿＿

10.對本書的建議：（請填代號　1.滿意　2.尚可　3.再改進，請提供意見）

內容：＿＿＿＿＿＿＿＿＿＿＿＿

封面：＿＿＿＿＿＿＿＿＿＿＿＿

編排：＿＿＿＿＿＿＿＿＿＿＿＿

其他：＿＿＿＿＿＿＿＿＿＿＿＿

綜合意見：＿＿＿＿＿＿＿＿＿＿＿＿＿＿＿＿＿＿＿＿＿＿＿＿

11.希望我們未來出版哪一類的書籍：＿＿＿＿＿＿＿＿＿＿＿＿＿＿＿＿

讓文字與書寫的聲音大鳴大放

寶瓶文化事業股份有限公司

（請沿此虛線剪下）

廣 告 回 函
北區郵政管理局登記
證北台字15345號
免貼郵票

寶瓶文化事業股份有限公司 收

110台北市信義區基隆路一段180號8樓

8F,180 KEELUNG RD.,SEC.1,

TAIPEI.(110)TAIWAN R.O.C.

（請沿虛線對折後寄回，或傳真至02-27495072。謝謝）